肖蔚云（1924—2005）

肖蔚云（1924—2005），湖南祁阳人。1951年毕业于北京大学法律系，1959年获得苏联列宁格勒大学国家法副博士学位。长期任教于北京大学法律系（现法学院），曾任北京大学法律系副主任。1985年任中国法学会宪法学研究会副总干事，2002年任中国法学会宪法学研究会名誉会长。1996年任北京市法学会名誉会长。2000年担任澳门科技大学法学院首任院长，2004年任名誉院长。

1980年至1982年，作为宪法起草委员会秘书处成员参加宪法修改工作。1985年至1999年，作为香港特别行政区基本法起草委员会委员、香港特别行政区筹备委员会预备工作委员会委员、香港特别行政区筹备委员会委员、澳门特别行政区基本法起草委员会委员、澳门特别行政区筹备委员会委员参加香港、澳门基本法的起草和香港、澳门特别行政区的筹建工作。1999年任全国人民代表大会常务委员会澳门特别行政区基本法委员会委员。

我国现行宪法的诞生

精装版

肖蔚云 著

图书在版编目(CIP)数据

我国现行宪法的诞生/肖蔚云著. —北京：北京大学出版社，2024.5
ISBN 978-7-301-35007-2

Ⅰ. ①我… Ⅱ. ①肖… Ⅲ. ①宪法—研究—中国 Ⅳ. ①D921.04

中国国家版本馆 CIP 数据核字(2024)第 082299 号

书　　　名	我国现行宪法的诞生 WOGUO XIANXING XIANFA DE DANSHENG
著作责任者	肖蔚云　著
责 任 编 辑	邓丽华
标 准 书 号	ISBN 978-7-301-35007-2
出 版 发 行	北京大学出版社
地　　　址	北京市海淀区成府路 205 号　100871
网　　　址	http://www.pup.cn
新 浪 微 博	@北京大学出版社　@北大出版社法律图书
电 子 邮 箱	编辑部 law@pup.cn　总编室 zpup@pup.cn
电　　　话	邮购部 010-62752015　发行部 010-62750672 编辑部 010-62752027
印 刷 者	涿州市星河印刷有限公司
经 销 者	新华书店
	850 毫米×1168 毫米　32 开本　7.875 印张　143 千字 2024 年 5 月第 1 版　2024 年 5 月第 1 次印刷
定　　　价	59.00 元（精装版）

未经许可，不得以任何方式复制或抄袭本书之部分或全部内容。
版权所有，侵权必究
举报电话：010-62752024　电子邮箱：fd@pup.cn
图书如有印装质量问题，请与出版部联系，电话：010-62756370

谨以此书的重排再版，
纪念肖蔚云先生。

作者说明

本书是根据最近两年给北京大学法律系部分进修教师和研究生讲课的讲稿整理而成的。我国现行宪法(一九八二年宪法)通过以后,一些进修教师和研究生要求我讲一讲修改宪法的精神,我因参加了宪法修改委员会秘书处的具体工作,经历了修改宪法的过程,所以向他们讲了讲讨论和修改宪法的精神。

本书的第一部分简述了宪法的修改过程,说明了我国现行宪法的一些特点;第二部分阐述了修改宪法过程中各地、各单位讨论的一些主要问题;第三部分按宪法序言和条文逐章逐条说明了在修改宪法中所讨论的主要观点。至于其中与前几部宪法相同的个别条文则不再阐述,一般宪法书籍中通常所涉及的宪法学理论,本书亦多从略,而只着重说明修改宪法过程中所讨论的主要内容。所以出版此书目的之一是供高等政法院系师生和从事政法工作的同志了解修改宪法的精神作参考。

现行宪法通过近三年了,两年多的实践证明它已日益显示出强大的威力:它进一步发展了我国的社会主义民主,健全了人民代表大会制度,保障了人民行使管理国家的权力和各少数民族管理本民族内部事务的权利;它维护和发展了我国的社会主义制度,特别是我国的社会主义经济制度,促进了经济体制改革的向前发展,保护了社会主义的公共财产和公民个人的合法财产;它进一步加强了社会主义法制,加速了立法工作的发展,保护了公民的合法权利和自由;它指引各级国家机关、社会团体、企业事业单位和公民逐步发展了社会主义精神文明建设,逐步加强了社会主义的思想教育;它促进了我国文化、教育、科学、技术、体育、卫生等各项事业的日益发展。这些情况充分说明,现行宪法是总结了我国的历史经验和吸收了外国经验的产物,是原则性与灵活性的辩证结合,是保持根本法的稳定性和确认改革的有机结合,显示了现行宪法的巨大优越性。

但是现行宪法的重大作用,并没有被每一个国家机关工作人员和公民所深刻认识。现行宪法的实施,还存在一些问题,还需要各级国家机关、社会团体和公民的进一步的共同努力,坚决地遵守和执行宪法,与违反宪法的行为作斗争,才能维护宪法的尊严,发挥宪法在建设我国社会主义的物质文明、精神文明和高度民主中的更大作用。为此,我们还需要进一步深入学习宪法和宣传宪法,使宪法的原则和精神更加深入人心,成为我国国家制度、社会制度和公民的基本权利的可靠保障。作者也是本着这一目的来完成这部书稿的。

本书既系在北京大学法律系的讲学内容,它当然完全是作者个人的认识、体会、分析和归纳,不代表任何组织的观点和意见。这些阐述难免有不妥当之处,希读者批评指正。

当此书出版的时候,还要感谢郑毅同志为我整理初稿,他为此书的问世付出了辛勤的劳动。

作者 一九八五年九月于北大

再版说明

肖蔚云先生是北京大学法学院教授,是新中国宪法学的奠基人之一。《我国现行宪法的诞生》是他的重要代表作。

1980年9月开始,肖蔚云先生全程参与了宪法修改委员会秘书处的工作,经历了宪法修改的全过程,见证了我国现行的1982年宪法的诞生。在1982年宪法颁布实施之后,肖蔚云先生在北京大学法律系的宪法课程中,向研究生和进修教师讲解新宪法。《我国现行宪法的诞生》就是在这些课程的讲稿基础上整理而成的。

《我国现行宪法的诞生》介绍了宪法修改的过程,总结了宪法修改讨论中的主要问题,特别是,按照宪法文本的顺序,逐条说明宪法序言和条文形成过程中的不同观点和讨论情况。肖蔚云先生将阐述的重点放在新宪法与之前的三部宪法存在不同的条文上,着重介绍、阐述和总结这些条文的由来、相关讨论和相关考虑。这本书是对1982

年宪法的忠实记录，准确反映了1982年宪法的原意，因此成为理解和解释1982年宪法必须参阅的权威作品。

《我国现行宪法的诞生》于1986年由北大出版社出版，出版后马上成为宪法研究者、法学生和相关法律工作者的必读书，也成为奠定中国宪法学的基本概念、基础理论和学术格局的最重要的学术著作之一。这本书至今仍然是宪法研习者的案头必备书，不过在青年学者、学生手中的多是复印本或者扫描件，原书已甚难求且价格颇昂。《我国现行宪法的诞生》在2004年肖蔚云先生八十寿辰之际，曾被收入肖蔚云先生的文集《论宪法》中。今年是肖蔚云先生一百周年诞辰，重排再版这本书，是我们这些弟子对老师的纪念，也是宪法学界的共同心愿。

再版得到了肖蔚云先生的女儿肖虹女士的支持和授权。北大出版社欣然同意再版。我们对肖虹女士、北大出版社的邓丽华编辑和其他同仁表示感谢。在重排中，除了改正个别错别字和按编辑规范要求的形式修改外，没有对任何内容作实质改动。我们希望，能够向新时代的学者和学生呈现作为宪法原意解释权威文本的原貌，也表达我们对肖蔚云先生的深沉敬意。

肖蔚云先生千古！我们永远怀念您！

王磊、王禹、张翔等弟子谨志

2024年3月12日

目 录

第一章 一九八二年宪法诞生的过程

一 领导的意见和群众的意见相结合 // 002

二 理论和实际相结合 // 010

三 原则性和灵活性相结合 // 015

四 力求稳定和确认改革相结合 // 021

五 本国经验和外国经验相结合 // 027

第二章 修改宪法过程中讨论的主要问题

一 宪法的结构问题 // 033

二 坚持四项基本原则 // 037

三 关于政协问题 // 041

四 关于民族问题 // 044

五 无产阶级专政问题 // 048

六　土地问题　// 051

七　知识分子问题　// 054

八　罢工问题　// 057

九　关于宗教信仰自由　// 059

十　关于外国人的受庇护问题　// 063

十一　怎样正确规定权利和义务、自由
和纪律的关系　// 065

十二　关于我国的立法机关和立法权
问题　// 069

十三　全国人民代表大会的作用问题　// 072

十四　国家领导机关领导人员的任期
和副职人数问题　// 075

十五　关于宪法的监督和保障　// 077

十六　戒严问题　// 080

十七　全国人民代表大会的专门
委员会　// 081

十八　中华人民共和国主席　// 083

十九　国务委员　// 087

二十　关于保护华侨的正当权益　// 088

二十一　关于中央军事委员会　// 089

二十二　关于地方人民代表大会每届
的任期　// 090

二十三　居民委员会、村民委员会　// 091

二十四　关于行政区域　// 092

二十五　民族自治地方的自治机关　// 093

二十六　专门人民法院　// 094

二十七　人民法院依照法律独立行使审判权　// 095

二十八　人民陪审员制度　// 098

二十九　人民法院、人民检察院、公安机关互相配合和互相制约问题　// 099

三十　计划生育问题　// 100

三十一　关于我国的语言问题　// 102

第三章　修改宪法中对序言和条文的具体讨论

一　对序言的讨论　// 104

二　对总纲的讨论　// 122

三　对公民的基本权利和义务的讨论　// 159

四　对国家机构各节的讨论　// 174

五　对国旗、国徽、首都及国歌的讨论　// 235

第一章　一九八二年宪法诞生的过程

我国现行宪法（一九八二年宪法）是新中国建立以来最完善的一部宪法，主要是它代表和反映了全国人民的根本利益，合乎广大人民的意愿和我国的现实，在内容上比一九五四年宪法、一九七五年宪法、一九七八年宪法具有许多明显的优点和特点。一九八二年宪法坚持从实际出发，实事求是地客观地反映实际情况，力求合乎辩证唯物论的观点和具有严格的科学性；一九八二年宪法既总结了正面的经验，又总结了反面经验，特别是"文化大革命"的反面经验；一九八二年宪法既具有时代特色和气息，包括建设社会主义精神文明和物质文明、建设高度的社会主义民主和实行各项具体制度的改革，又具有相对的稳定性，在一段较长时期内符合和适应国家与社会的情况，而不需要作较大的修改；一九八二年宪法对许多重大问题既有原则规定,如社会主义原则、民主集中制原则、法制原则、经济体制改革的原则等,又比较具体和繁简适当,对其中某些原则作了比较具体的规定,内容和条文也不显得冗长、繁杂。

一九八二年宪法之所以能够成为一部最完善的宪法,不但在内容上有其优点和特点,而且在修改过程方面也具有其特点,一九八二年宪法的完善和它所经历的民主集中与极其郑重的修改过程是分不开的,在它的修改过程中主要有以下一些特点。

一 领导的意见和群众的意见相结合

宪法是我国的根本法,规定了我国的国家制度和社会制度的基本原则,它的修改程序比其他法律更为严格,这种严格的程序是由它的内容的重要性所决定的。同时,也反映了我国修改宪法的程序的实质是贯彻民主集中制原则,是充分发扬民主、贯彻群众路线,体现了我们国家的社会主义性质。

一九八二年宪法的产生经过了两年零两个月,它吸收了一九五四年宪法制定过程中的好经验,其中很重要的一条是把领导的意见和群众的意见结合起来。由于一九八二年宪法产生时的情况和一九五四年已经有很大的不同,在政治、经济和文化等方面和一九五四年相比,已有很大的发展,十年内乱使我们的国家又遭到很大的破坏,情况也变得更为复杂,所以一九八二年宪法的产生过程比一九五四年宪法的时间更长、讨论更久,又有许多新的发展。

一九八二年宪法的通过,经过了从群众中来、到群众中去的几次反复讨论和修改。一九八〇年九月十日第五届全国人民代表大会第三次会议决定成立宪法修改委员会,接着宪法修改委员会又设立了秘书处,从一九八〇年九月到一九八一年六月,宪法修改委员会秘书处先后准备了五次讨论稿(初稿)。在这一段时间里,秘书处主要进行了两个方面的工作:

第一方面是请党中央的各部门、国务院的各部门、最高人民法院、最高人民检察院、各民主党派、各人民团体和各省、自治区、直辖市,对修改一九七八年宪法提出意见。从一九八〇年十月到一九八一年二月,上述各部门、各单位和各地方认真地召开了有各种不同人员参加的座谈会,有的省还请一些省辖市也召开了修改宪法座谈会,广泛地听取了群众、干部和各方面代表对修改宪法的意见,秘书处收到了大量的书面意见。从这些书面材料可以看到,不但参加提出修改意见的人数是很多的,代表的方面包括工、农、商、学、兵各个方面和国家机关、各党派、各人民团体等,而且意见非常广泛和丰富。以对一九七八年宪法总纲第一条的修改为例,即关于我国的国家性质这一条,各部门、各党派和各地方共提出了二十五个方案,宪法修改委员会秘书处认真地汇集了这些意见。

第二方面是秘书处在北京先后召开了十多次修改宪法座谈会,直接听取各方面代表和专家学者的意见,参加座谈会的有中央各部门、各民主党派和各人民团体的代表,有北京和其他一些省、直辖市、自治区的理论工作者和法学、经济学、政治学、哲学、社会学等方面的专家和学者,座谈会的参加者各抒己见,畅所欲言,提出了许多好的意见和实际工作中的情况,与此同时,秘书处的工作人员还专门访问了专家、实际工作者,听取意见。根据中央七十八个部门和地方二十九个省、自治区、直辖市报送的意见和座谈会的意见,宪法修改委员会秘书处先后五次拟出了宪法修改草案讨论稿(初稿)。由此可见,一九八二年宪法的诞生过程一开始就注意充分发扬民主,建立在非常广泛的群众意见的基础上,这部宪法来自广大群众,是全国人民共同的创作。

广泛汇集和听取干部、群众、国家机关、人民团体的意见,同时与专家、学者进行座谈,对做好修改宪法工作有很大的好处:

第一,为修改宪法奠定了良好的群众基础。在十年内乱时国家遭到很大破坏,"左"倾错误思想更加发展,许多是非观念都被颠倒,一九五四年宪法虽然可以作为修改宪法的基础,但一九八〇年时的情况已有很大的不同,因此,要做好修改宪法的工作,存在一定的困难和复杂性。广泛地汇集和听取广大群众和各方面的意见,就为解决这些困难提供了有利条件,为做好修改宪法工作奠定了基础。例如,许多部门和地方都提出:修改后的宪法要有一定的稳定性,不成熟、不定型的制度和内容不要写入宪法;修改宪法应当以党的十一届三中全会、六中全会的决议精神和四项基本原则为指导思想;修改宪法要总结建国以来的历史经验和教训,特别是"文化大革命"的教训;修改宪法既要从实际出发,又要注意今后国家发展的需要,注意宪法的科学性;修改宪法应以一九五四年宪法为基础,保留和继承一九五四年宪法的好传统,参考外国宪法中可以吸取的内容,但不能照搬;修改后的宪法要规定发扬社会主义民主、健全社会主义法制;要注意在宪法中正确处理党和政的关系,使党政各有其应得的地位、不互相混淆等。从这些意见中,大体可以看到各方面、各地方和广大人民对修改宪法的一些共同的基本要求,这就是修改宪法的群众基础。

第二,在许多部门和地方提出的意见中,还有许多不同的看法和分歧,这就使秘书处在修改工作中发现和积累了大量问题,更加重视和谨慎地对待这些问题,经过调查和反复研究,并把这些意见向上面反映,以采纳那些比较符合实际的可行的意见,使宪法的修改具有更加稳妥的良好的基础。

从一九八一年七月到一九八二年二月,在彭真副主任委员亲自主持下,秘书处又进行了大量的工作。彭真同志对修改宪法的指导思想和一些重大问题又作了许多明确的指示,体现了党中央对修改宪法工作的领导和高度重视,修改工作得以更加顺利地、较快地进行,一九八二年二月提出了一个《中华人民共和国宪法修改草案(讨论稿)》,这是在党的领导下集中了全国各地方、各部门、各方面的意见草拟出来的。秘书处又将这一讨论稿送请中央各部门和军事领导机关以及各省、自治区、直辖市提出意见,还请专家、学者包括语言学家提出意见,这是第二次在全国范围内征求和听取意见。这和上次征求意见有所不同,上次征求意见没有提出任何具体问题,只是要求对修改宪法提意见,这次则提出了一个讨论稿,请大家针对这个讨论稿提意见,这就使提意见的人更能有的放矢,可以提出很具体的意见。这次征求意见要比上次更加深入,这是把上次汇集的意见,经过整理、研究和集中,再返回到群众中去,因此有些意见比上次提得更深入。由此可见,这次修改宪法贯彻了民主集中制、贯彻了群众路线,充分发扬了社会主义民主,听取了广大人民的意见,集中了群众的智慧,后来一九八二年宪法之所以能够"合乎民心、顺乎潮流",这是坚实的基础。

同时,宪法的修改又是在党的坚强领导下进行的,实行在民主基础上的集中,在集中指导下的民主。修改宪法离不开党的领导,只有党中央最了解我国的政治、经济、文化各方面的情况,最了解人民的要求和愿望,通晓马克思列宁主义、毛泽东思想的理论、战略和策略,有丰富的革命和建设经验,只有党中央才能为修改先法提出明确的指导思想、重大的方针和政策,例如,坚持党的四项基本原则,坚持人民代表大会制度,坚持民族区域自治制度,实行"一个国家、两种制度"的方针等,这就使修改宪法的工作得以沿着正确的方向顺利地进行。所以修改宪法的过程又是领导的意见和群众的意见相结合的过程。正如彭真同志说的:"这次宪法的修改就充分发扬了民主——是在党中央领导下修改的,又是大家出主意、大家来修改的,整个修改过程是党的意见和人民的意见的统一。"

在修改宪法的过程中,领导的意见和群众的意见又是一个反复结合的过程,对宪法修改草案党中央先后讨论过八次,宪法修改委员会全体会议讨论过四次。

一九八二年二月秘书处提出的宪法修改草案讨论稿,是经过中共中央书记处详细讨论并作过修改,然后又经中央政治局原则批准的。宪法修改委员会第二次全体会议讨论了九天，认为这个讨论稿的基础是可以的，但又对它提出了许多修改意见，在宪法修改委员会第二次全体会议审议这个讨论稿期间，全国人民代表大会常务委员会的委员、全国政协的一些委员、中央各部门和各省、自治区、直辖市，对这个讨论稿提出了很多修改意见，秘书处又对这个讨论稿作了大量的内容和文字上的修改，提出了一个草案修改稿，这个修改稿又经中央书记处原则批准。一九八二年四月召开了宪法修改委员会第三次会议，审议了秘书处提出的草案修改稿，会议进行了九天，通过了《中华人民共和国宪法修改草案》，接着第五届全国人民代表大会常务委员会第二十三次会议议决公布了宪法修改草案，交付全国各族人民讨论。

从一九八二年五月到八月的四个月中，全国人民展开了广泛热烈的讨论，有的省参加讨论的人数占成年人的百分之九十，有的占百分之八十，正如彭真副主任委员在第五届全国人大第五次会议上，代表宪法修改委员会所作的关于宪法修改草案的报告中所指出的："这次全民讨论的规模之大、参加人数之多、影响之广泛，足以表明全国工人、农民、知识分子和其他各界人士管理国家事务的政治热情的高涨。"在讨论中广大人民提出了许多修改意见，宪法修改委员会秘书处又集中三个多月的时间，把这些意见

第一章 一九八二年宪法诞生的过程

汇集成册,根据这些意见,在彭真同志的亲自主持下,秘书处对宪法修改草案又进行了反复讨论和修改,到一九八二年十月三十日秘书处拟出了一个修改稿,提请宪法修改委员会第四次全体会议审议,在宪法修改委员会逐章逐条讨论了五天和提出修改意见后,秘书处又对修改稿进行了修改,从全国人大常委会公布的宪法修改草案到这次提出的修改稿,从内容和文字上又作了多处修改。有的人不了解情况,以为全民讨论可能是一种形式,这是与事实不相符的,只要将一九八二年四月全国人大常委会公布的《中华人民共和国宪法修改草案》和一九八二年十二月全国人大通过的《中华人民共和国宪法》相比较,就可以清楚地看到修改的情况。实践证明,宪法的修改需要经过反复讨论,领导的意见和群众的意见是一个反复结合的过程,而不是只经过一两次修改和结合即可完成的。

在宪法修改委员会的全体会议中,对宪法修改草案讨论稿和后来的草案修改稿的审议和讨论,都充分贯彻了民主集中制原则。以第三次宪法修改委员会全体会议为例,这次全体会议对草案修改稿的讨论是非常仔细认真的,不但逐章逐条,充分展开讨论,念一条,讨论一条,各抒己见,有不同意见,就展开辩论;而且逐字逐句进行了推敲、反复斟酌,一个标点符号也不放过,直至多数委员的意见达到一致,才转入对新的条文的讨论。

二 理论和实际相结合

修改宪法必须以马克思列宁主义、毛泽东思想为指导，特别是马克思主义的国家学说和无产阶级专政的理论、关于宪法的理论、关于民族问题的理论、关于社会主义精神文明的理论等。我国宪法是社会主义的宪法，它的制定必须以事实为根据，它是我国人民已经取得的成果的记录，是革命和建设的经验教训的总结，规定了今后国家的任务和发展方向，反映了社会发展的客观规律，所以它又是一门社会科学，要使它成为真正科学的、合乎实际的而不是虚构的东西，就必须以马列主义、毛泽东思想为指导。在修改宪法的过程中，不但有法学工作者参加，而且有历史学家、理论工作者参加，还多次召开理论界、法学界、政治学、政治经济学、哲学等方面代表和专家参加的座谈会，力求以马克思列宁主义、毛泽东思想为指导。在一九八二年宪法中，写入了许多根本原则和制度，例如，四项基本原则、人民代表大会制度和民族区域自治制度、社会主义经济制度、法制原则，以及公民的基本权利和义务的一致性等，都是坚持马克思主义关于宪法的基本理论的具体表现。

如果没有马克思列宁主义、毛泽东思想的指导,修改宪法就会迷失方向,或者以资产阶级的政治制度来代替无产阶级的政治制度,或者以三权分立来代替民主集中制,或者以资产阶级的自由化来代替无产阶级的自由和纪律的辩证的统一,就不可能制定出真正的社会主义的宪法。如果偏离了马克思列宁主义、毛泽东思想的指导,就会出现错误的观点。一九七八年宪法正是由于没有摆脱十年内乱中的"左"的错误观点,坚持"以阶级斗争为纲",因而存在一系列"左"的错误,在它所规定的经济制度和政治制度中都有具体表现。如果缺乏马克思主义的国家学说和法学理论的指导,也会产生一些其他的错误。例如,马克思主义国家学说认为,军队是国家机器的主要组成部分,它和监狱、警察、法庭一样,是必不可少的。宪法中规定了法院、司法和公安工作,如果竟没有关于军事委员会或国防委员会一类统率、领导军队的规定,没有国家的最高军事机关,没有规定军队的领导权,从马克思主义国家学说或宪法学理论来说,至少是一个缺陷,也不符合马克思主义的基本理论。在这次修改宪法中规定设立中央军事委员会领导全国武装力量,这是完全符合马克思主义的基本理论的。

在修改宪法中既要坚持以马克思列宁主义、毛泽东思想为指导,同时又要坚持理论联系实际,把二者辩证地统一起来。理论联系实际,就是要从中国的实际情况出发,以马克思列宁主义、毛泽东思想为指导,总结中国革命和建设的经验,找出社会发展的客观规律,同时,又反过来运用于实际,接受实践的检验。教条主义就是把理论与实践完全割裂开来,使革命和建设受到损失,在这方面,我们党的历史上有过深刻的教训,三十年代我们党内盛行的把马克思主义教条化,把共产国际决议和苏联经验神圣化的错误倾向,曾使中国革命几乎陷于绝境。"文化大革命"的发生和持续的原因之一,是和把马克思、恩格斯、列宁、斯大林著作中的某些设想和理论加以误解和教条化分不开的。

在这次修改宪法中,十分注意理论联系实际,强调从中国的实际出发,只有从我国的实际情况出发,才能使宪法的制定比较符合国情、更加完善。从下述情况和规定可以清楚地看到这一点。

第一,我国是一个政治、经济、文化发展不平衡的、情况复杂的大国,所以,对许多事情不能规定得太死、太绝对,不能"一刀切"。这是我们国家的一个重要实际情况,忽视了这一情况,就会脱离实际,宪法即使规定了,也行不通。所以,宪法第三条规定遵循在中央的统一领导下,充分发挥地方的主动性、积极性的原则,就是给地方以因地制宜的权力。宪法第一百一十五条规定自治机关同时依照宪法、民族区域自治法和其他法律规定的权限行使自治权,根据本地方实际情况贯彻执行国家的法律、政策,就是强调从实际出发,以符合民族自治地方的情况。我国的经济还比较落后,根据这一实际情况,宪法对一定时期内还不能实现的内容则不作规定。例如,我国还存在待业人员,不能在短期内解决,宪法就没有像一九七八年宪法那样规定:"不劳动者不得食。"又如,马克思列宁主义认为,社会主义宪法不同于资本主义宪法的一个特点是:社会主义宪法不但规定了广泛的公民权利,而且规定了对行使这些权利时的物质保障。但是我国经济还不发达,如果公民的每项基本权利和自由,都具体写上物质的保障,就会超过国家财政经济的承受能力。这样宪法的规定将流于形式,实际上实现不了,反而损害了宪法的尊严。因此,宪法根据国家的经济情况,对公民的权利有的作了物质保障的规定,有的则没有作相应的规定。以出版自由为例,现在出版的书刊很多,纸张和印刷力量都很紧张,短期内还难以完全解决,这样,宪法在规定出版自由时就没有同时规定予以物质保障。

第二,我国是一个多民族的国家,一些少数民族地区的经济、文化比汉族地区落后,人口比汉族也少,风俗习惯不同。根据这一情况,宪法对有利于民族平等、团结和发展少数民族地区经济、文化的重要内容,则明确地加以规定。宪法第四条规定,国家根据各少数民族的特点和需要,帮助各少数民族地区加速经济和文化的发展。宪法对民族自治地方的自治机关的自治权利,比一九五四年宪法和一九七八年宪法作了更多的规定。

第三,我国正在进行社会主义现代化建设,各项工作都应当为现代化建设服务,有利于现代化建设。联系这一实际情况,宪法对不利或者有损于社会主义建设、有损于国家长远或根本利益的行为,则不予规定。如宪法对公民的罢工自由没有规定,因为罢工常常带来对经济建设的损害、不利于安定团结和人民的生活。宪法对有利于社会主义建设、符合实际的措施则予以肯定,如宪法第十九条从我国的具体情况出发规定了多种形式办学,而不只限于办正规的全日制的学校。

第四,实践证明,只有密切联系实际,宪法才能作出较好的规定,成为一部好宪法。例如,"文化大革命"的严重后果,给予人们以深刻的教训;党的十一届三中全会以来,我们的国家在政治、经济各方面都发生了深刻的变化,出现了新的局面和气象,宪法密切联系"文化大革命"中任意抄家和抓人的非法行为,增写了保护人身自由不受侵犯、住宅不受侵犯、人格尊严不受侵犯等条款;宪法联系党的十一届三中全会以来经济政策和经济形势的重大变化,对我国的经济政策和方针作了新的规定。由于我国还存在多层次的生产力发展水平,与此相适应宪法确认了我国的多种经济形式。这些规定反映了理论和实际的结合,它不是关门空想出来的或照抄照搬别人的,所以它是比较好的。

三 原则性和灵活性相结合

宪法所规定的是国家制度和社会制度的基本原则,是国家机关和公民的基本活动准则,因此宪法的原则性很强,具有高度的概括性。宪法如果没有高度的原则性,或者它的原则性受到削弱或损害,就不能体现或完全体现社会主义宪法的本质,不能代表或完全代表人民的根本意志和利益,也不能体现或充分体现社会主义宪法的优越性。我国宪法既规定了国家制度和社会制度的基本原则,又规定了各个方面的重要原则和政策,这是我国一九七五年宪法、一九七八年宪法所不能比拟,也是一九五四年宪法所没有完全具备的。一九五四年宪法的原则性是正确而比较明确的,但是一九五四年宪法的原则性还有些不够完备和充实,由于各种原因和历史条件的局限,一九五四年宪法对有些应该规定的原则并没有加以规定,如社会主义的法制原则、废除国家最高领导职务的终身制等。宪法是一个国家的最高法律,具有最高的法律效力,其他法律都不得与宪法相抵触,像这样的重要原则和内容,在一九五四年宪法中竟没有明文规定,不能不说是一个缺陷,在修改宪法过程中,吸取了这些经验教训,宪法规定了一九五四年宪法中所没有而又必须写入的一些原则。

一九七五年宪法由于汇集了许多"文化大革命"中的"左"倾观点,反映了许多原则性的错误。它规定:"无产阶级必须在上层建筑其中包括各个文化领域对资产阶级实行全面的专政","大鸣、大放、大辩论、大字报,是人民群众创造的社会主义革命的新形式"等,"四人帮"利用这些错误的规定和内容,迫害广大干部和群众。同时,一九七五年宪法对一九五四年宪法中所规定的正确的原则,却大量地删除。如"公民在法律上一律平等"的原则,国家"保障公民进行科学研究、文学艺术创作和其他文化活动的自由"、民族自治地方的自治机关的自治权利、人民法院的诉讼原则等都被删去。一九七八年宪法恢复了一九五四年宪法所规定的一些原则,增加了个别的好条文,如"国家坚持社会主义的民主原则,保障人民参加管理国家,管理各项经济事业和文化事业,监督国家机关工作人员"。但是一九七八年宪法由于基本上没有摆脱"文化大革命"中的"左"的影响,仍然保留了公民有运用"大鸣、大放、大辩论、大字报"的权利,而对于"公民在法律上一律平等"、民族自治地方的自治机关的自治权利等,仍然没有完全恢复。

宪法既坚持了原则性,又十分注意与灵活性相结合。正如毛泽东同志在一九五四年所指出:"要实行社会主义原则,是不是在全国范围内一天早晨一切都实行社会主义呢?这样形式上很革命,但是缺乏灵活性。"现在的情况和一九五四年虽然已经不同,但是宪法仍然鲜明地体现了原则性与灵活性相结合,以更好地实现社会主义现代化建设和实施它所规定的基本原则。

宪法的灵活性表现在序言和许多条文中,例如在经济制度的那一部分条文中,既规定我国经济制度的基础是生产资料的社会主义公有制,即全民所有制和劳动群众集体所有制,在我国消灭了人剥削人的制度,在公有制企业事业组织中,实行各尽所能、按劳分配的原则;同时又承认农村中有农村人民公社、农业生产合作社和其他各种形式的合作经济,城镇中有手工业、工业、建筑业等行业的各种形式的合作经济,承认在法律规定范围内的城乡劳动者个体经济是社会主义公有制经济的补充,国家保护个体经济的合法的权利和利益,承认外国的企业和其他经济组织或者个人依法在我国投资,同中国的企业或者其他经济组织进行各种形式的经济合作,这些在中国境内的外国企业和其他外国经济组织以及中外合资经营的企业的合法权益受中国法律的保护。宪法的这些规定,充分说明在经济制度的许多条文中贯穿了原则性与灵活性相结合,它有坚持社会主义经济的高度原则性,又有发展多种经济形式的灵活性,把劳动者个体经济和中外合资、合作经济视为我国社会主义经济的重要的补充。在修改宪法中,有人认为宪法不应规定中外合资经济,这种规定在各国宪法中是很少见的,但是宪法修改委员会并没有采纳这一意见,仍然写入了宪法,体现了灵活性,以有利于现代化建设。

为了维护国家的统一和领土完整,宪法规定台湾是中华人民共和国的神圣领土的一部分,完成统一祖国的大业是包括台湾同胞在内的全中国人民的神圣职责。为了坚持我国的根本性质和制度,宪法规定我国的性质是人民民主专政的社会主义国家,社会主义制度是我国的根本制度,禁止任何组织或者个人破坏社会主义制度。这些规定体现了高度的原则性。同时,考虑到台湾、香港的现实情况和历史情况,宪法又规定国家在必要时得设立特别行政区,在特别行政区内实行的制度按照具体情况由全国人民代表大会以法律规定。体现了高度的灵活性。宪法通过刚刚两年,我国政府和英国政府就签署了关于香港问题的联合声明:一九九七年七月一日英国政府将香港交还中华人民共和国,我国政府决定于当日对香港恢复行使主权,根据我国宪法第三十一条设立香港特别行政区。联合声明的签署和生效,充分证明了宪法的原则性和灵活性相结合的正确性和生命力。

为了团结一切可以团结的力量,调动一切可以调动的积极因素,宪法将过去几部宪法从未规定过的一些内容,也增写了进去,体现了灵活性。例如,对于中国人民政治协商会议,过去几部宪法都没有规定,一九四九年中国人民政治协商会议虽然代行过全国人民代表大会的职权,但是当第一届全国人民代表大会第一次会议召开时,政协即成为不具有行使国家权力的统一战线组织。刘少奇同志在第一届全国人民代表大会第一次会议上作关于宪法草案的报告时,指出了政协的这一情况和变化,说明宪法不必要对政协作规定,而由参加政协的各党派、团体自己去对政协作各种规定。因此,过去几部宪法都没有列入关于政协的内容。一九八二年宪法为了更好地团结和调动一切积极因素,规定政协是有广泛代表性的统一战线组织,过去发挥了重要的历史作用,今后在国家的政治生活、社会生活和对外友好活动中,在进行社会主义现代化建设、维护国家的统一和团结的斗争中,将进一步发挥它的重要作用。这表现了宪法的灵活性。

为了维护国家的统一,民族的平等、团结和互助的社会主义民族关系,宪法既坚持我国是全国各族人民共同缔造的统一的多民族国家,各民族自治地方都是中华人民共和国不可分离的部分,各民族一律平等,禁止对任何民族的歧视和压迫,禁止破坏民族团结和制造民族分裂的行为;同时又允许少数民族自治地方有许多自治权利,自治机关在国家的统一领导下,自主地管理地方性的经济建设事业,管理本地方的教育、科学、文化、卫生、体育事业,民族自治地方的人民代表大会有权依照当地民族的政治、经济和文化的特点,制定自治条例和单行条例。这也表现了宪法的灵活性。

如前所述,为了维护国家的统一和领土完整,宪法规定在必要时得设立特别行政区,作为一级地方政权,说明宪法坚持国家统一和主权原则。同时,我国政府对香港的基本方针政策的具体说明又指出:香港特别行政区成立后不实行社会主义的制度和政策,保持香港原有的资本主义制度和生活方式,五十年不变,在中央人民政府的直接管辖下享有高度的自治权,除外交和国防事务属于中央人民政府管理外,香港特别行政区享有行政管理权、立法权、独立的司法权和终审权。这就进一步将宪法的高度灵活性具体化。

为了法制的统一和健全,宪法既规定国家维护社会主义法制的统一和尊严,根本法具有最高法律效力,一切法律和法规都不得与宪法相抵触,表现了社会主义法制的统一原则。同时又规定,省、直辖市的人民代表大会和它们的常务委员会,在不同宪法、法律、行政法规相抵触的前提下,可以制定和颁布地方性法规,又表现了因地制宜的灵活性。

总之,社会事物都有其客观发展的规律,但是又是非常复杂,存在着各种矛盾。只有正确了解社会事物发展的客观规律,才能进一步总结经验教训,提出宪法的原则。只有承认和逐步认识事物的矛盾和复杂性,才能正确处理宪法的原则性与灵活性相结合,才能对具体事物进行具体分析,避免主观片面,看到宪法又必须具有灵活性的规定。只有把原则性和灵活性结合起来,才能符合事物发展的实际,制定出完善的宪法。当然灵活性又是在符合原则性的情况下、在原则性所许可的范围内的灵活规定,不能超出原则性的范围,超出了这个范围,就不能称为灵活性。一九八二年宪法正是更好地把原则性和灵活性结合起来,比一九五四年宪法又有很大的发展。

四 力求稳定和确认改革相结合

由于宪法的地位和作用的重要性,由于它关系到国家的安全和命运,所以宪法应当保持应有的稳定性。宪法不稳定或遭到破坏,立法的基础和整个法制就会动摇或破坏,社会的安宁和秩序就会遭到损害,国家的利益、公民的权利和自由也会受到损害。"文化大革命"的严重教训教育了人们，因此，在修改宪法的过程中，对于保持宪法在较长时期内的稳定性，给予了高度的重视。

我国一九五四年宪法在一九五七年以前还保持了一定的稳定性，在实现对农业、手工业和资本主义工商业的社会主义改造方面，在巩固人民民主政权和建设社会主义法制方面，在保障公民的权利和自由方面都起了重要的作用，在人民群众中享有一定的权威和尊严。可惜在一九五七年以后它的一些原则遭到错误的批判，损害了它的权威。到一九七五年我国的政治、经济情况与一九五四年时已大不相同，当时修改一九五四年宪法是必要的，可是"文化大革命"中的一些"左"的错误观点被写入了宪法，"四人帮"又掌握了修改宪法的权力，使得一九七五年宪法远不符合我国的实际情况。粉碎"四人帮"以后，不能不对一九七五年宪法进行修改，但是修改时仍然没有摆脱"左"的指导思想，使一九七八年宪法还是不能符合党的十一届三中全会以后的形势，到一九八〇年又不能不对一九七八年宪法进行修改。由此可见，我国在一九五四年宪法颁布以后，对宪法进行多次修改，这是特殊的历史情况造成的，影响了我国宪法的稳定性。频繁地修改宪法也影响了人们对实施宪法的信心，降低了宪法在人们心目中所具有的权威。这也是在这次修改宪法中强调宪法的稳定性的一个原因。

怎样才能保持宪法的稳定性？在修改宪法中的主要做法是：

第一，关于多年行之有效、有经验的而又必须规定的内容，就写入宪法。例如关于人民民主专政、民主集中制、人民代表大会制等内容，多年来已经行之有效，积累了不少经验，这些内容又是宪法所必须规定的主要内容，无疑地要写入宪法。

第二，在经过充分研究和调查的基础上，有些问题也积累了一些经验，但还需要进一步探索，而为宪法所必须规定以符合将来的发展的，宪法也作出了规定，例如宪法规定今后国家的根本任务是集中力量进行社会主义现代化建设，国家举办各种学校，普及初等义务教育等。

第三，正在发展中的一些制度和事物，需要规定而又难于作出很具体的规定的，就作比较灵活的规定。例如关于农村集体经济组织的形式，宪法应当作出规定，但是它的形式正在发展变化，而不能立即确定将一两种形式写入宪法，就采取比较灵活的规定："农村人民公社、农业生产合作社和其他生产、供销、信用、消费等各种形式的合作经济，是社会主义劳动群众集体所有制经济。"

第四，有些问题和事项宪法应当作规定，而又不宜作太具体规定的，就只作笼统的规定。例如关于全国人大常委会的副委员长和委员、国务院的副总理和国务委员,究竟以多少人数为宜,如何才能既符合精简原则又能提高工作效率,考虑到规定具体人数不是很有把握,一旦情况变化,具体人数也会变化,就会发生经常修改宪法的问题,所以宪法没有规定具体人数,而只规定了"若干人"。

第五,有些问题,显然经常在变动中,宪法也不必作具体规定的,则不列入宪法。例如国务院包括哪些部、委,宪法未作规定,因为部、委的设置和撤销经常在变化。

第六,正在试验阶段的制度、政策和方法,一时尚难有定论的,不写入宪法。因为这些内容还没有为人们所真正认识和掌握,只有再经过多次实践、试验以后,才可能有比较明确的认识,如果过早地不成熟地写入宪法,必然造成与实际不符。例如,如何具体划分中央和地方的国家机构的职权,由于目前还在摸索和改革,一时难以作出正确的判断和结论,宪法就没有作具体规定。

第七,宪法的稳定性和它的修改程序与保障制度也有密切关系,这次对修改宪法作了比修改普通法律更严格的程序的规定,即宪法的修改要由全国人大常委会或者五分之一以上的全国人大代表提议,并由全国人大以全体代表的三分之二以上的多数通过,以免经常修改宪法。为了保障宪法的实施,维护宪法的尊严和稳定性,宪法规定全国人大及其常委会监督宪法的实施。

但是,一九八二年宪法既从现实情况出发,力求切实可行和保持它的稳定性,又面向改革、面向未来,具有浓郁的时代气息和强烈的改革精神,把宪法的稳定性和改革精神密切地结合起来。不考虑国家的未来和发展方向,则国家的各项事业迅速发展了,宪法就不能和它相适应,就不能指导未来和改革,就会落后于现实,也导致要经常修改宪法。当然这种面向未来又是建立在研究现实、分析未来的科学基础上,而不是轻率地无根据地对未来作出结论。

一九八二年宪法不论在政治、经济和文化各方面都表现出强烈的改革精神。

第一,宪法加强和进一步完善了人民代表大会制度,加强了全国人大和它的常委会,加强了地方各级人大,赋予省、直辖市人大和它们的常委会以制定地方性法规的权力,进一步发扬了社会主义民主,发挥人民当家作主和管理国家事务的权利,对最高国家机关的负责人员实行一定任期的限制,对国家行政机关实行首长负责制,把乡政权和农村人民公社分开,充分保障公民的基本权利,进一步加强民族区域自治制度,加强民族自治地方自治机关的自治权利等,这些规定都是对我国政治制度的一些重要改革。

第二,宪法规定了许多关于经济体制改革的原则,例如,它规定了以国营经济为主导、公有制为基础的多种经济形式的法律地位和作用;实行各种形式的社会主义责任制,在公有制企业、事业组织中贯彻按劳分配的原则;合理安排积累和消费,兼顾国家、集体和个人的利益,逐步改善人民的物质生活和文化生活;在公有制基础上实行计划经济,通过经济计划的综合平衡和市场调节的辅助作用,保证国民经济按比例地协调发展;国营企业和集体经济组织依照法律规定实行民主管理和享有自主权。这些规定对于促进我国经济体制改革和国民经济的发展、保证我国经济沿着正确的方向顺利前进,有着极其重大的意义。如果偏离了这些原则,经济建设就会遇到挫折或迷失方向。

第三,在文化教育方面,宪法规定要举办各种学校,发展各种教育设施,鼓励自学成才。就是适应国家的实际情况和需要,采取多层次多规格的办学形式,大力发展教育事业。在办学途径上宪法也作了实事求是的灵活的规定,鼓励集体经济组织、国家企业事业组织和其他社会力量依法举办各种教育事业。由于国家的人力和财力还不够,就鼓励上述经济组织、国家事业组织等一起来办教育,发挥各方面的积极性和力量。宪法还规定发展自然科学和社会科学,普及科学和技术知识,奖励科学研究成果和技术发明创造,发展医疗卫生事业,包括西医和中医,鼓励和支持农村集体经济组织、国家企业事业组织举办各种医疗卫生设施。开展群众性的体育和文化活动,发展为人民服务、为社会主义服务的各项文化事业。宪法的这些规定将促进我国文化教育事业的改革和发展。

五　本国经验和外国经验相结合

宪法是已经走过的道路的总结,是历史经验的总结,因此它必须总结本国的历史经验。一九八二年宪法总结了我国一百多年来的经验,特别是"文化大革命"的经验教训,因而是符合我国实际的、比较完善的宪法。

一九八二年宪法是以一九五四年宪法为基础,同时又发展了一九五四年宪法的许多好经验,参考了一九七五年、一九七八年宪法,总结了正反两方面的经验。对正面的经验继续加以肯定和规定,如以马克思列宁主义、毛泽东思想为指导的中国共产党的领导、我国的国家性质和政权组织形式、民族区域自治制度、公民的基本权利和义务、国家机关的组织与活动原则等。不总结这些正面经验,就不能继承过去宪法中好的成果。一九五四年宪法中这些正面经验,在一段时间里证明是比较好的,而且有些历史经验是在长期发展中形成的。在"文化大革命"中,一九五四年宪法遭到破坏,这并不是说这些经验本身不好,而是由于"文化大革命"这种特殊原因,使一九五四年宪法中这些好经验没有继续下去,修改宪法不是抛弃这些好经验,而是要继续坚持下去,有些经验要使它更加完善和发展。

修改宪法不吸收反面教训也容易重犯错误,在一定意义上讲,反面的教训比正面的经验更重要,因为它更深刻、更有意义、更不易遗忘。在修改宪法中,许多的规定都是由于总结了"文化大革命"的反面教训而规定的,如发扬社会主义民主,健全社会主义法制,加强人民代表大会制度,保障民族自治地方的自治机关的权利,保障公民的民主权利和人身自由等,没有"文化大革命"这一沉痛的严重的教训,一九八二年宪法不可能作出许多较好较完备的规定,有的问题甚至不可能想到。这也是一九八二年宪法比一九五四年宪法更加完善的一个重要原因。

宪法不但继承了一九五四年宪法的优良传统,革命根据地的经验,而且参考了旧中国的宪法,从中借鉴有用的东西。旧中国的反动阶级、反动政府根本不要任何宪法,只是到了他们的反动统治摇摇欲坠的时候,才不能不搞一个骗人的宪法。一九一二年资产阶级搞了一个具有进步意义的《中华民国临时约法》,这个带有宪法性质的临时约法不久就被抛弃,资产阶级的共和国也无法建立。只有在工人阶级的领导下才能制定社会主义的宪法、坚定不移地走社会主义道路,这也是旧中国的宪法史所揭示的真理。

宪法除了总结中国的经验以外,还总结了外国宪法的经验,参考和吸收了外国的有用的经验。我国是一个伟大的社会主义国家,我们应当有民族自豪感,看到中国是世界上历史最悠久的国家之一,中国各族人民共同创造了光辉灿烂的文化,具有光荣的革命传统,我们绝不能崇拜外国,妄自菲薄。但是我们又不能闭关自守,拒绝吸收外国有用的东西,固步自封的态度也是错误的,修改宪法同样要吸收外国宪法中对我国有用的经验,而且不管它是大国还是小国,是资本主义国家还是社会主义国家,只要它的经验是有用的,哪怕只有十分之一、百分之一可取的地方,我们也可以借鉴、参考或吸收。正如毛泽东同志所指出,宪法是英、美、法等资本主义国家首先搞起来的。它们搞宪法已经有几百年的历史,有一些有用的经验是值得我们参考和吸取的,尽管我国宪法和资本主义的宪法的性质不同,但是它们在反对封建势力的斗争中提出的有些宪法原则是值得我们参考的,一些资本主义国家发展经济、治理和防止污染的做法,对教育、科学、文化的重视等也是有可借鉴之处。至于一些社会主义国家的宪法,我们更应吸收其有用的经验。当然许多国家在搞宪法时,也有不成功的教训,这些教训我们应当竭力避免。

在这次修改宪法的过程中参考了许多外国宪法的经验。例如,我国今后的根本任务是集中力量进行社会主义现代化建设,如何发展我国的生产力,提高经济效益,在修订条文时就参考了别的社会主义国家的经验；又如宪法要扩大公民的基本权利和自由，就研究了世界上许多国家宪法关于公民的基本权利和自由及其发展的趋势，研究了它们对于一些自由和权利的条款是如何具体规定的，它们把公民的权利和自由这一部分内容放在国家机构部分的前面还是后面；又如民主集中制是我国的政权形式的根本组织原则，如何具体表述这一原则才更符合我国的实际情况，如何表述得简明扼要，又参考了外国的宪法；又如国家保护名胜古迹、珍贵文物和其他重要历史文化遗产，是否应当规定于宪法之中以及如何规定为好，也参考了许多外国的宪法；又如对于要求政治避难的外国人可以给予受庇护的权利问题，应当如何加以适当的规定，又参考了资本主义国家和社会主义国家的宪法。总之，在修改宪法的过程中，广泛地参考了外国宪法的经验，吸收了外国宪法有用之处。

一九七五年宪法产生时既没有经过广大群众的讨论，也没有正确地总结建国后的历史经验，而是集中了"文化大革命"的许多错误经验，用当时《关于修改宪法的报告》的话说："总结我们的新经验，巩固我们的新胜利，反映我国人民坚持无产阶级专政下继续革命的共同愿望，就是我们这次修改宪法的主要任务。"所谓"新经验"就是"文化大革命"中"无产阶级专政下继续革命"的错误经验。报告中没有谈到而实际上也不可能去吸收外国宪法中的有用的经验。

一九七八年宪法并没有摆脱十年内乱的影响,而是肯定了"无产阶级文化大革命",它又是在很短的准备时间下产生的,既没有正确总结国内的经验,也没有总结国外的经验。

一九五四年宪法在总结经验方面是做得比较好的,毛泽东同志在谈到一九五四年宪法为什么是好的时,他指出主要有两条,"一条是总结了经验","这个宪法草案,总结了历史经验,特别是最近五年的革命和建设的经验"(《毛泽东选集》第五卷,人民出版社1977年版,第126页)。同时"也是本国经验和国际经验的结合"(《毛泽东选集》第五卷,人民出版社1977年版,第127页)。当然,由于一九五四年建国的时间还不长,经验还不如现在丰富,许多国家和我国还未建立外交关系,还没有也不可能像现在一样实行对外开放的政策,因此,在总结国内国外经验时,远不如现在丰富和广泛。

一九八二年宪法总结了国内和国际的经验,但又是以本国经验为主。毛泽东同志指出:"我们这个宪法草案,主要是总结了我国的革命经验和建设经验","我们是以自己的经验为主"(《毛泽东选集》第五卷,人民出版社1977年版,第127页)。每一个国家都有自己的具体情况,我们要建设具有中国特色的社会主义,当然不能照抄、照搬别国的模式,也不能到马克思、恩格斯、列宁、斯大林的著作中去找现成答案,只有根据马克思列宁主义的普遍真理、从我国的具体情况出发,以我国自己的经验为主。正如邓小平同志在中国共产党第十二次全国代表大会开幕词中所指出:"我们的现代化建设,必须从中国的实际出发。无论是革命还是建设,都要注意学习和借鉴外国经验。但是,照抄照搬别国经验、别国模式,从来不能得到成功。这方面我们有过不少教训。把马克思主义的普遍真理同我国的实际结合起来,走自己的道路,建设有中国特色的社会主义,这就是我们总结长期历史经验得出的基本结论。"一九八二年宪法在吸收外国经验时,总是根据毛泽东同志、邓小平同志的上述指示来进行的,具体地说,在对待外国宪法的经验时,首先研究的是从我国的实际出发,决定可否吸取,能吸取的则吸取,能部分吸取的则部分吸取,不能吸取的则不吸取;其次,如果决定吸取,就要研究使这些经验怎样成为中国化的内容,使它"洋为中用",而不生搬硬套;再次,在宪法条文的用语和提法上尽量做到中国化,而不是外国化。因此,一九八二年宪法既吸收了外国宪法的经验,又紧密结合中国的实际,很好地体现了总结外国的经验,而以总结自己的经验为主的精神。

第二章 修改宪法过程中讨论的主要问题

一 宪法的结构问题

关于宪法的结构,主要讨论了五个问题。

第一是要不要序言的问题。主张要序言的同志有以下几点理由:(1)可以把条文里不便于规定的内容放到序言中去。例如,关于中国革命的历史,这在条文里不便于写,就可以放到序言里去。(2)一九五四年宪法是比较好的,它有一个序言。新宪法如果有一个序言,就可以和一九五四年宪法相继承。(3)在当代世界上一百四十多部宪法中,规定有序言的就有九十多部。当然,有的序言很长(如南斯拉夫宪法),有的序言则很短。但大多数宪法还是有序言的。

主张不要序言的同志认为：(1)序言当中叙述性内容比较多，没有法律效力。(2)从一九七五年、一九七八年两部宪法来看，序言的内容错误很多。这两部宪法都写了党的基本路线、无产阶级专政下继续革命、以阶级斗争为纲这样一些内容。所以还是不要序言为好。(3)有一些在序言里必须讲的东西，如统一战线、外交政策等可以放到条文里去讲。

针对以上两种意见，为了慎重起见，秘书处当时起草了两个方案：一个是有序言的方案，一个是没有序言的方案。比较的结果，还是觉得有序言的方案比较好。有些需要讲的内容，在序言中讲起来比较方便，如历史经验的总结、四项基本原则等，放在条文里写不如放在序言里写好。这就是后来为什么宪法有一个序言的原因。当然，全国各地好多同志都提出，序言要写得气势磅礴，鼓舞人心，简洁明了，实事求是，这些意见都是正确的。宪法序言吸收了这些意见，并经过反复推敲、字斟句酌才产生的，是写得相当好的。

第二是总纲要不要分节的问题，提出要分节的理由如下：(1)可以眉目清楚。把总纲分为政治、经济、文化教育、军事外交、政党与人民团体这样几节，层次分明，一目了然。(2)把过去序言里写的某些内容，像外交政策等，可以条文化，不一定写在序言里。(3)从外国一些宪法看,也有这样分节的。

不赞成分节的同志认为:(1)分节以后各节的内容很不平衡。有的节大,内容多,如经济方面的条文就是这样。有的节内容就很少,像外交、国防只能写两条。(2)有些条文不好分节,放在哪一节都可以。如政党,放在政治一节里可以,把它单独作为政党、人民团体一节也可以。但在政治里面不讲政党,好像又欠缺一些内容。再如计划生育,究竟放到哪一节为好?很难确定。(3)分节以后有些内容,像政协、外交等,放在条文里不如放在序言里好,因为条文规定的是主张什么、禁止什么,如放在序言里作为一种叙述性的规定就更好。对上述两种意见比较后大家认为,还是不分节的方案较好。故以后就采取了宪法所规定的这种不分节的形式。

第三个问题是宪法内容章节的排列顺序问题。哪些章节放在前面、哪些放在后面,在讨论中有不同看法。主要一个问题就是公民的基本权利和义务一章应放在国家机构一章的前面呢还是后面?一种意见认为,应放在前面,因为这样可以更好地体现一切权利属于人民、人民是国家的主人这一思想。从世界上许多宪法来看,近年来都有一种把公民权利义务放在国家机构前面的趋势。另一种意见认为,还是应放在国家机构这一章的后面,这样也可以反映一切权利属于人民的思想。因为根据我国宪法规定,各级人民代表大会代表人民行使国家权力。把"国家机构"放在前面,同样体现了人民当家作主这一思想。外国宪法中把这一部分放在公民的基本权利和义务前面的也有。经过讨论,宪法修改委员会采纳了第一种意见。这是宪法较之前几部宪法在结构上比较大的变动。

第四个问题,中央军事委员会是否应单独成为一节?关于这个问题,也有两种看法。一种观点认为,不应单独成为一节,其主要理由是:这一节内容比较少,可以放到全国人大常委会后面写几条。另一种观点认为,中央军事委员会应当单独成为一节。因为中央军事委员会不是国家权力机关,放在全国人大常委会后面,从体例上讲不大合适。在国家机构里面,中央军事委员会是一个很重要的机关,应当把它单独分为一节,和其他中央国家机关并列。后来针对这一问题也起草了两个方案:一个是不分节的方案,把中央军委放在全国人大常委会后面;一个是分节的方案,把中央军委放在国务院后面。经过讨论,采纳了第二个方案。

第五个问题,宪法条文写多少比较合适?一种意见认为,应当规定得详细一点,具体一点,因此宪法条文应多一点,长一点。另一种意见认为,宪法是根本法,不应写得太具体、太长,应精练一点,短一点。经过讨论,采取了不长也不太短的写法。因为宪法是根本法,对重大问题只能作原则规定，不必写得很具体，如关于最高国家权力机关和行政机关的组织及工作程序，可以放在相应的组织法里规定。有些内容我们还正处在实践、探索阶段，要规定得很具体是不可能的。如经济体制的改革就是这样。世界上较长的宪法有南斯拉夫宪法和印度宪法，南斯拉夫宪法有四百多条，二十多万字。较短的宪法之一是美国宪法，只有七条，七千多字。世界上大多数国家宪法是在一百条至二百条之间，我国一九八二年宪法共一百三十八条，一万六千多字，在世界各国宪法中属于中等程度。刚起草时，条文较多，曾达到一百四十多条，把中央和地方国家机关的工作程序规定得很具体，还有一节是关于宪法的保障，写了几条，后来考虑到设立宪法委员会不符合中国的实际，故这些条文没有放进去，关于中央和地方国家机关的某些具体工作程序也删去了，最后精简为一百三十八条。但比以前的几部宪法的条文都要多。

二　坚持四项基本原则

在修改宪法时，绝大多数同志认为要坚持马列主义、毛泽东思想，党的领导，社会主义和人民民主专政，宪法修改委员会也认为必须以四项基本原则为指导思想，彭真同志在关于宪法修改草案的报告中明确指出,宪法修改草案的总的指导思想是四项基本原则。但也有少数人提出,只写马克思主义就可以了,不一定再写毛泽东思想。因为马克思主义就包括了毛泽东思想。这种意见没有被采纳。这个问题的讨论又可分为以下三个方面:

第一,为什么要写坚持四项基本原则?讨论中的理由主要是:(1)四项基本原则是历史经验的总结,是不以人们意志为转移的客观历史发展规律,是为中国革命和建设的长期实践所证明的基本原则。我们从毛泽东、刘少奇、邓小平等同志的谈话中都可以看到这一点。毛泽东同志在建国前就多次讲过要坚持党的领导;中国革命应分两步走,好比写两篇文章,上一篇是新民主主义,下一篇是社会主义。只有作好上篇文章,才有可能作好下一篇。所以人民民主专政经历了两个阶段。刘少奇同志在党的八大所作的报告中也谈过这个问题。邓小平同志曾讲过,四项基本原则是我们长期以来一贯坚持的,并不是什么新问题。所以它是历史经验的总结,反映了客观规律,不是一个纯学术问题。(2)四项基本原则是我们建国和进行社会主义现代化建设所必须坚持的基本原则和根本保证。"文化大革命"之所以搞得这么久、这么厉害,成为一场大灾难,国家建设遭到严重破坏,主要一个原因就是它背离了四项基本原则,没有坚持党的领导,没有坚持毛泽东思想。相反,它背离了毛主席自己提出的思想体系。(3)宪法是国家根本大法,规定国家制度和社会制度的基本原则,而四项基本原则是我国政治生活的最重要原则,所以作为国家根本法的宪法必须坚持它,对它有明确规定。毛泽东思想仍然是我们党的指导思想,是我国的指导思想,也应当明确加以规定。没有这些规定,我们的国家和人民就会迷失前进的方向。

第二,在宪法中如何体现坚持四项基本原则?这个问题是如何把四项基本原则写进和贯彻到宪法条文中去的问题。在讨论中也有不同的看法。有的认为可按一九七八年宪法第二条的写法去写,而且认为这一点是不可动摇的,是不能改变的。但也有人提出不应像一九七八年宪法那样写具体条文,而应写在序言里。在序言里面具体怎么写,又有不同的看法,有人提出,应明确写上:坚持党的领导、坚持人民民主专政、坚持马列主义毛泽东思想、坚持社会主义道路。也就是说把这四个坚持并列起来写入序言。

经过讨论多数人认为:(1)在整个宪法中要坚定不移地贯彻四项基本原则。可以说,在宪法里除了首都在北京这一条文外,基本上都贯彻了这一精神。(2)在序言第七段中明确写上了要坚持四项基本原则。序言在总结了我国革命的历史和建国后各方面取得的重大成就、规定了国家今后的根本任务后,紧接着指出:"中国各族人民将继续在中国共产党领导下,在马克思列宁主义、毛泽东思想指引下,坚持人民民主专政,坚持社会主义道路……把我国建设成为高度文明、高度民主的社会主义国家。"这样联系历史写,就一气呵成、顺理成章,显得比较自然而且有力量、有气魄,如果并列写上四个坚持,就显得比较生硬。写在序言里绝不是说四项基本原则不重要,相反地它是作为总的指导思想而写在序言中,宪法的各条只能以四项基本原则为指导,贯彻这些原则的精神,而不能背离它,不能认为宪法的条文与序言是无关联的,条文可以离开序言而单独存在、任意解释。(3)写在序言里比一九七八年宪法那样规定在条文里更恰当些、自然些。因为马列主义毛泽东思想属于思想意识形态问题,不能完全靠法律条文强制人们信仰。主要靠说服教育。因此写在序言里较为合适。(4)除序言外,在宪法的某些条文中,也应当写上一些关于坚持四项基本原则的内容。如宪法第一条就是。因为人民民主专政和国家的社会主义性质是国家制度和社会制度的根本问题,因此可以写在具体条文里。

第三,原则性与灵活性怎样结合?有人提出,宪法第三十一条是否与坚持四项基本原则有矛盾?既要坚持四项基本原则,坚持社会主义制度,又要设立特别行政区,实行资本主义制度,这不是矛盾了吗?其实恰恰相反,正是为了既坚持社会主义制度,又允许在特殊情况下的例外,才规定第三十一条:国家在必要时得设立特别行政区,根据具体情况,实行具体制度。规定第三十一条是从国家长远利益、整体利益出发,从我国的实际情况出发,从台湾、香港的现实情况和历史情况出发。而不是只局限于暂时利益、局部利益。如果不写第三十一条,又搞特别行政区,反而使宪法和现实发生矛盾。有了第三十一条,就把原则性和灵活性结合起来了,显得严谨一致。有人提出,第三十一条不具体。这是因为,根据当时情况只能写那么多,有个原则规定就行了。当时中英就香港问题还没有达成协议,不可能事先就作出一套详细的规定。而且彭真同志在《关于中华人民共和国宪法修改草案的报告》中比较具体地说明了特别行政区的高度自治权,说明了宪法第三十一条的历史背景,第三十一条的主要含义应该说是清楚的。

三　关于政协问题

在讨论到政协时,有这样一些意见:全国政协是否可以作为外国议会中的上院,而把全国人大作为下院?有人提出,全国政协可以作为上院,它应当有监督政府(国务院)的权力,有从事外交活动的权力,宪法应高度重视和强

调政协的作用。下面就这个问题分两方面来说明:

第一,政协的性质。宪法序言里明确规定:"中国人民政治协商会议是有广泛代表性的统一战线组织",说明它并不是国家机关,尽管它在一九四九年曾代行过全国人民代表大会的职权,但那是在特殊情况下所采取的一种特殊做法,因为当时召开全国人民代表大会的条件还不具备,自从第一届全国人民代表大会召开以后,政协就只能是一种统一战线组织。既然如此,它就不能成为具有议会性质的上议院。我们的全国人民代表大会按照宪法的规定也不是下议院,我们不实行两院制。

政协不是国家权力机关,那么它就没有权力监督国务院。否则,就有两个机构(全国人大及其常委会、全国政协)都来监督国务院,就会造成混乱。这和我们宪法的体制是不相符合的。如果全国人大、全国政协的意见不一致时,国务院究竟听哪一个的意见好?就是说,国务院上面有全国人大和全国政协两个机构,如两个机构的意见不同,就造成国务院无所适从的局面。所以说全国政协对国务院不能有监督的权力。我们通常所说政协的监督,是指党派之间的监督,是指中国共产党和各民主党派之间的"长期共存,互相监督",这是我党的一贯政策和主张,但这种监督和宪法意义上的监督是不同的。宪法上所说的监督,有两种含义:一是指国家权力机关对执行机关、审判机关、检察机关的监督,上级国家机关对下级国家机关的监督。另一种含义是指人民群众对国家机关的监督,是选民对人民代表的监督。而不包括政协这样一个统一战线组织对国务院这样一个最高国家行政机关实行第一种含义上的监督。否则,国务院就难以进行工作了。

此外,政协的性质决定了它没有从事外交活动的权力。它所能从事的,应当是和外国民间团体、人民群众之间友好往来的活动。而不能代表国家和政府进行外交活动。

第二,政协的作用。宪法是高度重视政协的作用的。在宪法序言第十段中对中国人民政治协商会议作了专门的规定。而且确认了它过去发挥了重要的历史作用,今后在国家政治生活、社会生活和对外友好活动中,在进行社会主义现代化建设、维护国家的统一和团结的斗争中,将进一步发挥它的重要作用。可以看出,现行宪法比以往几部宪法都更加重视政协的作用。一九五四年宪法根本没有写政协,政协是由各党派联合起来的一个组织,它的活动有其自己的章程规定,而不必由宪法来规定。但现在的情况和一九五四年宪法制定时有了很大的不同。统一战线组织更加广泛、扩大。所以宪法对它作了明文规定和较高的评价。如果说宪法不重视政协的作用,是没有根据的。在修改宪法的过程中,考虑到宪法只能规定一些重大问题和照顾各方面的平衡,有好多重要团体都没有写进宪法(尽管许多人再三提出要写上这些内容),而对政协却写了它的性质和作用。这说明政协在宪法中是有一定位置的。

四 关于民族问题

第一,我国宪法应采取什么样的国家结构形式?是不是继续坚持民族区域自治制度?这是讨论中首先遇到的问题。绝大多数同志认为,民族区域自治是符合我国实际、而且取得了很大成就的,所以应当坚持,要改变这一制度是没有根据的。其他制度不符合我国的情况。尽管像有些同志提出的那样,"文化大革命"中在少数民族问题上犯了严重错误,给少数民族带来了巨大灾难,损害了少数民族的利益。但这些错误并不是由于实行民族区域自治制度的结果,相反,"文化大革命"破坏了民族区域自治政策,才在处理民族问题上发生了偏差。所以,我们应从"文化大革命"中汲取经验教训,不能因此而改变民族区域自治制度。

第二,民族自治地方的人民政府应当怎样组成?有种意见认为,可以以一九五二年政务院通过的《中华人民共和国民族区域自治实施纲要》为基础来组成。该纲要第十二条规定:"各民族自治区的人民政府机关,应以实行区域自治的民族人员为主要成分组成之;同时应包括自治区内适当数量的其他少数民族和汉族的人员。"对于"主要成分"应如何理解,有三种看法:(1)"主要成分"指政府机构的主要负责人,包括自治县县长、副县长、自治州州长、副州长、自治区主席、副主席、民族自治地方的人大常委会主任和副主任等。(2)"主要成分"不是仅指上述负责人,而是说,除了政府首长外,还应包括各厅、局的厅长、副厅长、局长、副局长,都应以实行区域自治民族的成员为主担任。(3)整个政府中的干部都主要由实行区域自治的少数民族成员担任。所以,虽然一九五二年的纲要写上了"主要成分",但主要成分适用于政府机关的哪些成员,理解并不一致。

在讨论过程中并没有花大力去澄清上述问题,而是从实际出发,规定干部制度。宪法主要规定了两个方面内容:(1)行政机关主要负责人如自治区主席、自治州州长、自治县县长,由实行区域自治的民族的公民担任。(2)自治区、自治州、自治县的人民代表大会常务委员会中应当有实行区域自治的民族的公民担任主任或者副主任。就是说,为了照顾实行区域自治的民族的公民的利益,首先行政首长必须由本民族公民担任。但对人大常委会主任、副主任就写得比较灵活,只规定应当"担任主任或者副主任"。为什么这样写呢?因为在有的民族自治地方往往有好几个民族,如果人大常委会主任或者副主任都由一个民族的公民担任,那么其他少数民族的利益就不能得到很好的体现。宪法这样规定,就把民族自治地方的干部中的主要问题解决了。

第三,民族自治地方的自治权利。民族自治地方到底有多大的自治权利?从原则上讲,在中央统一领导下,享有广泛的自治权。"在中央的统一领导下"就说明,自治地方不能像联邦制成员国那样享有主权国家的权力,但又必须行使自治权。就是说,要划清两个界限:(1)我们是单一制国家,不能搞联邦制那一套。(2)我们是在民族区域自治基础上的单一制国家,和其他单一制国家又有所不同。这表现在少数民族享有广泛的自治权。这是我们始终坚持的原则。

一九五四年宪法就对民族自治地方的自治权利作了广泛的规定,主要有:各自治机关有用人权、财政权,可以根据具体情况制定自治条例、单行条例,有组织本地方公安部队的权利,自治机关在执行职务时有使用当地通用的一种或几种语言文字的权利,各上级国家机关应充分保障自治机关行使自治权,等等。这些规定是比较合适的。但在新的历史时期,国家要调动一切积极因素进行社会主义现代化建设。所以一九八二年宪法又作了许多新的规定:自治机关可根据本地方实际情况贯彻执行国家的法律、政策;管理本地方的财政,自主地安排使用属于它的财政收入;在国家的统一领导下,自主地管理地方性的经济建设事业;自主地管理本地方的教育、科学、文化、卫生、体育事业,保护和整理民族的文化遗产,发展和繁荣民族文化。国家帮助民族自治地方从当地民族中大量培养各级干部、各种专业人才和技术工人,等等。一共规定了十一条。后来的民族区域自治法又把这些规定进一步具体化。

总起来说是两句话:一是不实行联邦制,二是行使自治权。此外,在讨论中还有一个问题,就是要不要写上反对大汉族主义、大民族主义和地方民族主义?是三点都写还是只写其中一点或两点?后来宪法写上了"在维护民族团结的斗争中,要反对大民族主义,主要是大汉族主义,也要反对地方民族主义"。这主要有两点考虑:(1)考虑到历史情况和现实情况。从历史上看,汉族压迫少数民族的时间比较长。在今天,大汉族主义思想仍然没有完全解决。(2)也应当写反对地方民族主义,因为这种思想现在也仍然存在。只有这样写,才能维护和加强平等、团结、互助的社会主义民族关系。

五　无产阶级专政问题

在修改宪法中,我国的国体应当采用哪一种提法为好?有一种主张认为,仍应采用"无产阶级专政"的提法。其理由是:一九七八年宪法已经这样写了,而且用了好几年,不必再改了。还有的认为无产阶级专政是马克思主义根本原则问题,不能改。

另一种意见则主张用"人民民主专政"的提法,因为它适合于我国的国情,是在我国长期革命斗争中形成的。一九三五年毛泽东同志就提出把"工农共和国"改为"人民共和国"。因为日本帝国主义不断侵占我国的领土,继占领东三省之后,又向华北进军,在我国,民族矛盾上升,阶级矛盾下降,有可能团结民族资产阶级和一切抗日的人们。至于"人民民主专政"的提法,最早出现在一九四九年的元旦社论里,这篇社论指出,要在全国范围内建立无产阶级领导的、以工农联盟为主体的人民民主专政的共和国。后来毛泽东同志又在《论人民民主专政》和《关于正确处理人民内部矛盾的问题》两篇文章中详细地阐述了人民民主专政的理论,在一九四九年的《中国人民政治协商会议共同纲领》和一九五四年宪法中又规定了我国是人民民主专政的国家。可见人民民主专政在我国有其产生和发展的历史，我们已经长期使用过这一提法。

同时，人民民主专政是无产阶级专政的一种形式。列宁曾经讲过，从资本主义过渡到共产主义不能不产生非常丰富和繁多的政治形式，但本质必然是一个，那就是无产阶级专政。我国的人民民主专政既坚持了以工人阶级为领导、工农联盟为基础，又团结了资产阶级和一切可以团结的力量，发展了广泛的统一战线。我国的人民民主专政是把对人民内部实行民主和对敌人实行专政两个方面结合起来，其任务是在我国建设社会主义。所以说，人民民主专政是以毛泽东同志为首的中国共产党对马列主义理论的发展。在《毛泽东选集》四卷中，许多文章都阐述了人民民主专政的理论和思想。而且党的十一届三中全会的决议明确指出，毛泽东同志发展了马列主义关于无产阶级专政的学说。过去有一种错觉，似乎人民民主专政要比无产阶级专政低级些。在苏联，十月革命后实现了国家工业化和农业集体化，消灭了剥削阶级，因此，他们采用"无产阶级专政"的提法；而在我国还存在许多民主党派，存在着资产阶级，因此就只能用低一级的"人民民主专政"的提法。这种看法是不正确的。实际上，我们已经消灭了剥削阶级，但仍可以叫"人民民主专政"。刘少奇同志在党的八大曾经提出，人民民主专政经历了两个阶段，一个是新民主主义阶段,一个是社会主义阶段。所以人民民主专政是无产阶级专政的一种表现形式,是对无产阶级专政理论的发展,二者并没有高低之分。

还有,人民民主专政确切表达了无产阶级专政关于民主和专政这两方面的含义,可以消除"四人帮"歪曲无产阶级专政概念的不良影响。他们只讲专政而否认民主,把无产阶级专政歪曲成为在上层建筑领域里对资产阶级实行全面专政。他们不要社会主义民主,把专政的矛头指向人民内部。而人民民主专政的提法,既表达了民主的一方面,又表达了专政的一方面,有利于澄清上述不良影响。这是第二种意见。

第三种意见是不赞成"人民民主专政即无产阶级专政"的提法。在原来的宪法修改草案序言里有这样一句话:"工人阶级领导的、以工农联盟为基础的人民民主专政即无产阶级专政得到巩固和发展。"在讨论中有些人不赞成这个提法。当时宪法修改草案之所以这么写,是为了与过去常用的无产阶级专政的提法相衔接,在实质上并没有什么改变。过去我们已经采用过"无产阶级专政"的提法,现在提"人民民主专政",这个变化容易引起误解,所以在宪法修改草案中用了上述提法,作为一种过渡。不赞成这一提法的同志认为,已经写了"人民民主专政",就不必再写"即无产阶级专政"了。因为"即无产阶级专政"是一种解释性语言,这种语言在宪法里可以不用。而且"即"字在中文里有"等于""就是"的意思。实际上这二者是不能画等号的,不能说前者"就是"或"等于"后者。这样从逻辑上讲是不恰当的,应当改写为:人民民主专政实质上即无产阶级专政。

根据上述意见,宪法修改委员会秘书处把"人民民主专政即无产阶级专政"改为"人民民主专政实质上即无产阶级专政"。加上"实质上"三个字,可以表明无产阶级专政和人民民主专政二者的衔接,说明二者没有截然的不同,它们在本质上是一致的。还有人认为,"实质上即无产阶级专政"这种解释性语言在宪法里也不是一句都不能用,在条文里应当尽量避免这种语言,但在序言里的个别地方用这种语言是可以的。也可以避免一部分人对宪法的误解。就是说,过去长时间提"无产阶级专政",现在突然不提了,好像中国现在不搞社会主义了,不要无产阶级专政了。实际上完全不是这回事。所以说写上"实质上"三个字还是很有必要的。

六 土地问题

在讨论中有人提出,宪法对土地问题,包括土地所有权、使用权、租赁、合理利用和征用等问题都应当作出明确规定。土地是重要的生产资料和自然资源，而我国前几部宪法对它都没有作出全面的明确的规定。一九五四年宪法只规定"矿藏、水流，由法律规定为国有的森林、荒地和其他资源，都属于全民所有"。还有山岭、草原、滩涂等未作规定。一九五四年宪法虽然也规定了"国家依照法律保护农民的土地所有权"，但对城市和城市近郊的土地所有权并无规定。一九七五年宪法、一九七八年宪法关于土地所有权的规定和一九五四年宪法大体上差不多，只不过对农村集体所有制增写了三级所有，队为基础。因此在讨论中有人提出，像土地这样重要的生产资料，在宪法中应当予以明确的规定。宪法修改委员会采纳了这一建议。

那么究竟怎样规定土地所有权呢？有少数人提出，应当规定农村土地一律归国家所有。他们说，现在有这样一种不良现象，就是当国家征用土地进行国防和经济建设时，土地所有者要价很高，每亩要几万元甚至更高的价钱，这样就妨碍了经济建设和国防建设的进行。如果将土地收归国有，就可以解决上述问题。另一种意见则认为，农村和城市郊区的土地，除法律规定属于国家所有外，都应属于集体所有，而不应该轻易地将土地收归国有。他们说，农民从参加土地革命开始，为了分田地、打土豪进行了长期艰苦的斗争。如果今天突然宣布将土地收归国有，就会在农民心理上产生极大的影响,而国家实际上也并没有得到多少好处,因为土地还得由农民去耕种,去使用。这样并没有解决实际问题,只会使农民感到不安。要解决要价很高的问题,应当用制定土地征用条例的办法来解决,而不应靠随便宣布土地国有。宪法修改委员会采纳了后一种意见。

城市的土地究竟属于谁所有?在过去全国没有统一的法律规定。即使有的城市有,也只是规定城市郊区的土地属于国家所有。像北京市郊区,土改时就有这样的规定,所有权归国家,使用权归农民。但广大城市土地所有权归谁所有?没有统一规定。所以有的城市收地产税,有的城市收房产税,很不一致。这次修改宪法把这个问题解决了。统一规定城市的土地属于国家所有。这样,城市中的私房,其房屋所有权属于个人,但房基地是国家的。特别是在今天城市发展越来越快,地价逐步上涨的情况下,把城市土地统一收归国有,更显得必要和及时。

农村的宅基地、自留地、自留山的所有权问题。自留地在过去都规定属于人民公社集体所有,农村的宅基地的所有权也是属于集体所有,农村人民公社六十条中就作了这样的规定。因此,宪法继续规定农村的宅基地、自留地、自留山属于集体所有。

关于镇的土地所有权问题。一种意见认为,镇的土地应和农村、城市郊区的土地一样看待,除法律规定属于国家所有外,都属于集体所有。宪法修改草案第十条开始是这样规定的。另一种意见认为,把镇的土地与农村、城市郊区土地一样看待不太合适,因为全国各地情况不一样,有的镇建制比较大,而且还要进一步发展,实际上相当于小型或中型城市,把它和农村、城郊一样规定属于集体所有,不太合适。所以,后来把宪法修改草案第十条规定的"镇"去掉了,以便于以后根据具体情况再由国家作出规定,这样修改是完全必要的。

七 知识分子问题

第一,讨论中提出的一些意见。在讨论中有人认为,宪法修改草案对知识分子的作用重视不够。"文化大革命"当中,广大知识分子一直受到歧视和迫害,被侮辱为"臭老九",所以宪法应对知识分子予以足够的重视。他们提出草案第一条没有把知识分子写进去,在教育、科学、文化事业一条中也没有写知识分子的作用。还有人提出,宪法应明确写上知识分子的绝大多数是工人阶级的一部分,但是草案也没有写,说明宪法修改草案对知识分子还重视不够。宪法修改委员会秘书处对这些意见逐条进行了分析和处理。

第二,宪法第一条里是否应该写知识分子?经过讨论,决定还是不写为好。因为第一条规定的是国家性质问题、阶级结构问题,而知识分子不是一个单独的阶级,他们和工农的差别不是阶级的差别。在社会主义制度不断发展的今天,他们基本上都属于劳动人民的一部分。宪法第一条规定的工农联盟,就包括了知识分子在内,所以不必要再单写。不写并不等于不重视,这个道理,斯大林在一九三六年关于苏联宪法的报告中也作了类似这样的说明。

第三,宪法中没有写"知识分子的绝大多数已经成为工人阶级的一部分"。这是为什么?因为这不是一种法律规范性语言,不便于在法律条文中写。如果写了,就要进一步解释,绝大多数是指哪些,剩下的一部分又是指哪些。所以后来宪法就没有这样写,而在宪法修改草案报告中作了一些说明。

第四,宪法是怎样强调知识分子的作用的?宪法主要从三个方面来突出知识分子的作用:

(1)宪法在序言第十段中规定:"社会主义的建设事业必须依靠工人、农民和知识分子,团结一切可以团结的力量。"把知识分子同工人、农民并列,同样看待,作为我国现代化建设三支基本力量之一。

（2）宪法在第二十三条中专门写了发挥知识分子的作用，就是"国家培养为社会主义服务的各种专业人才，扩大知识分子的队伍，创造条件，充分发挥他们在社会主义现代化建设中的作用"。写这一条也是很不容易的。因为许多人提出对知识分子写得不够，到底该怎么写？内容写少了，不行，写多了，与其他内容又显得不平衡，我国还有一个工农联盟。况且，写得太多了，如果写要改善物质条件，改善生活待遇，这与我国目前经济发展状况又不相适应，不可能实现。所以最后统一到现在的条文上：一是培养、扩大知识分子队伍，二是创造条件，发挥知识分子的作用。对知识分子来说，要改善物质生活，但是最主要的还不是多拿多少钱的问题，而是发挥其作用问题。只要他们能够受到重视，人尽其才，那么他们就能心情舒畅，为社会主义现代化建设做贡献。像宪法这样的规定，在讲了教育、科学、文化、卫生以后专门用一条来规定知识分子的作用，这在前几部宪法中是没有的。

（3）有些内容在宪法条文中虽然没有写，但是彭真同志在关于宪法修改草案的报告中，对知识分子作了高度的评价。指出："知识分子的人数也增长了许多倍，从总体上说，他们已经成为工人阶级的一部分。"用报告的形式说明了我国知识分子的现状和作用，对知识分子作了一个比较全面、正确的评价。

八 罢工问题

宪法中是否应写上公民有罢工的自由,有两种不同的意见。在座谈中赞成写罢工的人所持的主要理由是:一九七八年宪法已经写上罢工,现在去掉,似乎没有必要。如果一九七八年宪法没有写,倒是可以不写。其次,罢工在对付官僚主义方面还是有一定作用的。对于不关心群众疾苦、强迫命令等种种官僚主义现象,还可以利用罢工作为一种对付手段。如震惊全国的"渤海二号"事件,由于领导的极端官僚主义,使干部、群众的生命毫无保障,造成了重大的损失。再如煤矿的地下坑道,如果领导对工人生命安全采取官僚主义的态度,工人出工就会由于发生瓦斯爆炸和塌方而引起伤亡,在这种情况下,是可以罢工的。

不赞成写罢工的人的主要理由是:罢工是旧社会工人用来对付资本家,反抗压迫、反抗剥削的一种手段。工人和资本家之间的关系是一种对立关系,工人罢工只能使资本家的利益受到损失,同时也可以揭露资本主义制度残酷剥削、压榨劳动人民的本质。在社会主义制度下就不同了,工人是国家的主人,工人的利益和国家的利益是一致的,如果罢工,只能使国家和工人自己的利益受到损失,使国民经济遭到损害,而且罢工常常影响到社会秩序的安定和给人民的工作、生活带来很大的不便。如铁路、公共汽车、电力、煤气公司的工人罢工,就会使交通停顿,照明中断,煤气供应停止,广大人民将感到极为不便,就无法去上班、探亲、工作,甚至吃饭都成问题。现在城市交通本来就很紧张,再一罢工,交通一阻塞,更是造成混乱。例如几年前,有一个城市发生罢工、游行,使铁路、公共汽车交通停顿了好几小时。可见,罢工不光是一个停止生产和工作的问题,它会进一步影响到社会公共秩序,这对我国的安定团结,进行现代化建设是很不利的,所以宪法不应当规定罢工。在有些资本主义国家,罢工是被禁止的。如不久前美国飞机场工人罢工,总统就宣布由军队接管,逮捕了一大批人。有的国家虽然规定可以罢工,但那是有严格限制的,并不是可以随便罢工。基于以上理由,应当取消一九七八年宪法关于罢工自由的规定。如要对付官僚主义者,我们宪法规定了许多办法,如公民有批评、建议、申诉、控告、检举的权利,"对于公民的申诉、控告或者检举,有关国家机关必须查清事实,负责处理,任何人不得压制和打击报复"(第四十一条)。不一定要采取罢工的行动对付官僚主义者,而且罢工也不一定能解决问题。因此,宪法最后没有规定罢工自由。

虽然宪法取消了一九七八年宪法关于罢工自由的规

定，但某个地方如果发生了罢工，是否算犯罪？我们认为，不能笼统地说罢工就是违法犯罪。宪法不写罢工自由，是不赞成罢工，但并不等于说罢工就是犯罪，对这种罢工还要具体问题具体分析，看罢工是否触犯了法律的规定，是否引起了法律后果。

九 关于宗教信仰自由

第一，宗教信仰自由这一条应该怎样写？

有一种意见认为，应当按一九五四年宪法的规定写，即"中华人民共和国公民有宗教信仰的自由"（第八十八条）。因为这一规定本身就包含了信仰宗教自由和不信仰宗教自由两方面的内容在内，不必再作其他规定。但后来有人提出一九五四年宪法这条中的"的"字没有必要，于是就把这个"的"字去掉了。另一种意见认为，还是按一九七八年宪法写好，即"公民有信仰宗教的自由和不信仰宗教、宣传无神论的自由"（第四十六条）。他们认为这样写比较清楚，比较全面，可以避免对宗教信仰自由作不正确的解释，一九五四年宪法的规定就容易给人们造成误解，它也可以被这样理解：你不信仰宗教是自由的，我要你信仰宗教也是自由的，我可以强制你信教。如按一九七八年宪法写，就可以避免上述不正确解释。宪法修改委员会认为，只写宗教信仰自由含义就清楚了，包括的内容比较全面，不必再写有"宣传无神论的自由"，至于说强制信仰宗教的问题，一九八二年宪法增写了第三十六条第二款，即"任何国家机关、社会团体和个人不得强制公民信仰宗教或者不信仰宗教，不得歧视信仰宗教的公民和不信仰宗教的公民"。这样规定更加明确具体地指出了不得强制信教和不信教两个方面，既全面而又可消除各种片面的解释。

第二，关于宗教信仰自由，宪法为什么在第三十六条增写了第三款、第四款？

宪法在规定了公民的宗教信仰自由后，又在第三款、第四款规定："国家保护正常的宗教活动。任何人不得利用宗教进行破坏社会秩序、损害公民身体健康、妨碍国家教育制度的活动。""宗教团体和宗教事务不受外国势力的支配。"因为在讨论中有人提出，现在社会上有一些人利用宗教搞破坏活动，宣传封建迷信，损害公民身体健康，妨碍教育制度，这种现象相当严重。还有人提出，宪法应写上"政教分离"，宗教不能妨碍政治活动。后来考虑到什么叫"政教分离"？应当弄清它的含义，"政教分离"是欧洲中世纪宗教改革时提出的一个口号，那时宗教领袖同时又是政治领袖，宗教常常干预政治。现在我国与欧洲当时的情况不同，基本上不存在这种现象。有些来自少数民族的全国人大代表就指出:"我作为公民是信教的,但我作为全国人大代表在会议上的发言是政治性的,我讲爱国是政治的,我讲要反对外国势力支配我国宗教,也是政治,在这里政治与宗教又怎样分离呢?"所以我们不能把外国过去的东西照搬到我国,现在我们不提政教分离,而提不能"妨碍国家教育制度的活动",即宗教和学校分离,这样规定是比较恰当的。但是不能利用宗教进行破坏活动,像沿海一带,有些地方偷运圣经入内地达百万部。我们说,圣经作为一部关于宗教的典籍,研究是可以的,但像这样大规模偷运,就不是宗教问题了。有些有文物价值的庙宇被修复,作为历史遗产,是可以的。但有些早已成为废墟,毫无意义的庙堂又被重建起来,就没有必要了。

在修改宪法讨论中有些人又提出,在"文化大革命"中一些用来进行正常宗教活动的寺庙也被拆毁了,损害了国家的宗教政策。于是宪法又增写了一句:"国家保护正常的宗教活动。"什么是正常的宗教活动?如一些信教的人礼拜天到教堂祷告、一些教徒在宗教节日举行一定的仪式等,就属正常宗教活动,应当允许。

第四款规定"宗教团体和宗教事务不受外国势力的支配",是针对现实中一些情况写的。现在有些外国宗教团体,特别是梵蒂冈企图插手中国宗教事务。如梵蒂冈曾任命广东一个教徒为主教,这和我国宗教界坚持的"自传、自治、自养"的三自精神是相违背的,外国宗教团体和我国宗教团体进行友好往来是可以的,但不能干涉我国宗教的内部事务。原来宪法修改草案讨论稿写的是"宗教不受外国的支配",后来考虑到"宗教"是一个比较抽象的名词,说它受"支配",不太明确,于是就改为"宗教团体和宗教事务不受外国支配"。又考虑到"外国"一般是指外国政府,而干涉我国宗教事务的,主要是一些外国势力和宗教团体。于是改为现在的写法:"宗教团体和宗教事务不受外国势力支配"。

由此可见,宪法关于宗教信仰自由一条写得是比较全面、比较严谨的,所以它受到了国内外人士的高度称赞。

第三,宪法中要不要规定禁止迷信活动?

有人提出,现在不少地方迷信活动有所抬头,给社会造成了较大危害,所以宪法应当明文禁止迷信活动。讨论中认为,反对迷信是应当的,但什么是迷信?它与宗教活动又有什么区别,有时很难划一个明确的界限。如烧香拜佛是不是迷信?有人说是,有人说不是,这怎么禁止?迷信主要是由于文化水平低和其他社会原因造成的,应当从教育入手,提高思想,普及科学文化知识,逐步予以解决,而不能单纯依靠法律,强制人们不去迷信,那样不解决问题。如七八十岁的老太太在家里烧香磕头,你用宪法能禁止得了吗?几年前,在一个城市的郊区,一位中年妇女冒着大雪,顶着刺骨的寒风,到山上一个寺庙去朝拜,她说:每个月的初一、十五都要到这里朝拜,从不间断。像这样虔诚的顶礼膜拜,靠法律硬性禁止,是起不到法律应起的作用的。所以宪法最后对这个问题没有规定。但不规定并不等于提倡,不等于放任不管。对于因为搞迷信而严重危害社会治安、损害公民身体健康的,应依法制裁。如刑法第一百六十五条规定的"神汉、巫婆造谣、诈骗罪",对于制造谣言,蛊惑群众,骗取钱财的神汉、巫婆,应追究其刑事责任。

十 关于外国人的受庇护问题

第一,居留权的含义。我国一九五四年宪法、一九七五年宪法和一九七八年宪法都规定:中华人民共和国对于任何由于拥护正义事业,参加革命运动(或和平运动)、进行科学工作而受到迫害的外国人,给以居留的权利。这里所说的居留权,实际上就是指受庇护。从英文、俄文的原义来讲,都是指的庇护、避难的意思。主要是翻译的问题,一九五四年宪法参考的是苏联一九三六年宪法,但翻译得不正确。以后为一九七五年宪法、一九七八年宪法所沿用。其实俄文的原义也是避难的意思,并没有居留权的意思。所以宪法改称居留权为受庇护。

第二，如何规定外国人在中国受庇护的权利？在修改宪法过程中参考了其他国家的一些宪法关于这一问题的规定。各国关于庇护权的规定大体有三类：（1）宪法对庇护权只作比较原则概括的规定，例如因为"政治"原因而给予庇护，而不作更具体的规定。（2）规定得比较具体，如规定对于因拥护正义事业、参加革命运动、进行科学工作而受到迫害的外国人给予庇护。我国以前几部宪法都是这样规定的。（3）宪法对庇护权作了比上述第二种更为详细具体的规定。如一九七四年南斯拉夫社会主义联邦共和国宪法第二〇二条规定："对于因致力于维护民主观点和民主运动、致力于社会解放和民族解放，致力于人的个性的自由和权利或致力于科学或艺术创作自由而受到迫害的外国国民和无国籍者，保证给以避难权。"我国根据现实的情况和以往的经验以及国际关系的错综复杂性，采用了比较原则的规定，只规定"因为政治原因"而没有具体规定哪些原因。

第三，庇护权这一条应写在宪法的哪一章中？一种意见认为，应当列在"公民的基本权利和义务"一章中，先谈我国公民的基本权利和义务，然后再写外国人的受庇护权，这样比较顺理成章。另一种意见认为可以放到总纲中写。因为"公民的基本权利和义务"一章是规定中国公民的基本权利和义务的,在其中加入一条外国人的受庇护权,似乎不太协调。经过讨论,宪法修改委员会采纳了后一种意见。同时为了使这一条写得比较完整,在受庇护权前面加上了"中华人民共和国保护在中国境内的外国人的合法权利和利益,在中国境内的外国人必须遵守中华人民共和国的法律"一款,这样把外国人的合法居留、受到保护和受庇护权写在一条中,内容就比较全面,放在宪法总纲中也比较恰当。

十一 怎样正确规定权利和义务、自由和纪律的关系

第一,宪法中规定公民权利和自由时的指导思想,其中主要的一点是扩大公民权利和自由的范围。这是总结几十年经验教训的结果,觉得我们社会主义的宪法应充分体现人民是国家的主人这一重要思想,保障人民享有广泛的权利和自由。

当然,这些权利中最重要的是保障人民参加管理国家事务和社会事务的权利,因此宪法第二条第三款规定:"人民依照法律规定,通过各种途径和形式,管理国家事务,管理经济和文化事业,管理社会事务。"第三十四条规定中华

人民共和国年满十八周岁的公民,除依照法律被剥夺政治权利的人外,不分民族、种族、性别、职业、家庭出身、宗教信仰、教育程度、财产状况、居住期限,都有选举权和被选举权。这就是毛泽东同志所说的在社会主义制度下劳动者最大的、最根本的权利。

其次,宪法强调要保护人身自由、人格尊严,这是公民最起码的自由和权利。没有这些权利,那些根本的政治权利也不能实现,在这个意义上有人讲人身权利是最重要的。但我们说最根本的还是政治权利,是管理国家事务、社会事务的权利。它是其他权利和自由的基础。没有根本的政治权利,就没有其他的自由和权利。如在剥削制度下,工人阶级作为一个阶级还没有解放,被排斥于国家权力之外,他们的人身自由怎么能有可靠的保障呢?

此外,宪法还规定了广泛的经济和文化权利,并规定了严格的保障措施。可以看到,宪法扩大了公民权利和自由的范围。

第二,权利和义务、自由和纪律的一致性。这是第二个指导思想。从我们的观点看,权利和义务的一致性即指:一个公民既要享受权利,又要承担义务;既享有广泛的自由,又要受纪律的约束。两者互相联系,不可分割。也就是说,一个公民不能只享受权利,不尽义务;也不能只享有自由,而不遵守纪律。两者互相依存,而不是完全对立的。这一原则,贯穿于宪法始终。如宪法第三十三条第三款规定:"任何公民享有宪法和法律规定的权利,同时必须履行宪法和法律规定的义务。"第五十一条规定:"中华人民共和国公民在行使自由和权利的时候,不得损害国家的、社会的、集体的利益和其他公民的合法的自由和权利。"就是说,只享受权利和自由而不尽义务、不受纪律约束,就必然妨害国家、社会、集体和他人的利益和自由。所以我们主张权利和义务的一致性。任何一个公民,只强调自己的权利,随意侮辱、诽谤别人,想怎么说就怎么说,而不受纪律和法律的约束,这是不容许的。这是权利义务一致性的一个方面内容。

权利和义务的一致性的另一个方面的内容是:公民的某些权利同时又是义务。如宪法第四十二条规定公民有劳动的权利和义务,第四十六条规定公民有受教育的权利和义务。在过去,劳动和受教育只是作为一种权利,现在宪法这样规定,发展了权利义务的观点。

第三,世界上从来没有什么绝对的自由。权利和自由是相对的,而不是绝对的,是有限的,而不是毫无限制的。这点在世界各国的宪法中都是一样,并不是你想怎么讲就怎么讲,想怎么做就怎么做,而没有任何法律限制。

一七八九年法国的《人权宣言》,资产阶级标榜它为最民主、最自由的宪法性文件。宣言第四条规定:"自由就是指有权从事一切无害于他人的行为。因此,各人的自然权利的行使,只以保证社会上其他成员享有同样权利为限制。此等限制仅得由法律规定之。"可见,即使在这个所谓最民主的宣言里,自由、权利也是有限制的。当然这种限制是从资产阶级利益出发,用法律对不利于资产阶级的行为进行的限制。从资产阶级最早的宪法来看是这样。再从第一次世界大战后德国的魏玛宪法来看,这是进入二十世纪后资产阶级最民主的宪法,它规定了许多公民的权利和自由,但是同时又规定可以根据联邦法律加以限制。如第一百一十八条规定:"德国人民,在法律限制内,有用言语、文字、印刷、图书或其他方法,自由发表其意见之权",这里首先有个前提"在法律限制内"。并不是说可以随心所欲,为所欲为。现行意大利宪法第二十一条规定:"每人均有以口头、书面及他种传布思想之方法自由表达其思想之权利。出版无须得到准许或经过检查。"但在下面又规定:"在绝对紧急而司法当局又不可能及时干预的情况下,司法警察官员得对定期出版物实行查封","法律得以一般性规范规定:凡定期出版物的消息来源与经费来源,须予公开"。可见,资本主义的宪法对公民的权利和自由是加了种种限制的,正如马克思所说的,它在一般词句中标榜自由,在附带条件中废除自由。在资本主义制度下,由于实行生产资料私有制,权利和义务不可能平等。

我国是社会主义国家,实行生产资料公有制,权利和义务应当是平等的、一致的。所以我国宪法强调任何公民在行使自由权利的同时,必须负有相应的义务,不能妨害国家和社会的利益,不能妨碍其他公民自由和权利的行使。这是宪法关于如何行使公民权利和自由的一个指导思想。

有人讲,我们不应搞思想犯罪,不应限制言论自由。其实,从我们的宪法和法律看,我们并没有搞什么思想犯罪,惩罚"思想犯"。因为思想还没有表达出来,还没有转化为行为,我国刑法也不承认思想犯罪。至于言论是否构成犯罪,要具体分析,看它是什么样的言论,是否触犯刑法。如某个人把许多人聚集到一起,发表演讲,要推翻人民民主专政,推翻社会主义制度,这种言论就超出了法律许可范围,当然要追究其刑事责任。有人说在我国言论不自由,这是错误的。我们说的言论自由,是在不反对四项基本原则前提下的自由,是不妨害国家、社会、集体和他人的自由为前提下的自由,超出这个范围而讲绝对的自由,是不容许的。

十二 关于我国的立法机关和立法权问题

第一,在宪法中,要不要像一九五四年宪法那样规定

"全国人民代表大会是行使国家立法权的唯一机关"？

第一种意见认为,应当写上"唯一"两字,除此以外的其他国家机关都不能行使国家立法权。这样规定,有利于维护社会主义法制的统一和尊严,不至于法出多门,各自为政、互相矛盾,使人无所适从。

另一种意见与上述意见相反,认为现在宪法规定全国人大制定基本法律,全国人大常委会制定和修改除应当由全国人民代表大会制定的法律以外的其他法律；国务院可以制定行政法规；省、直辖市的人民代表大会和它们的常务委员会,在不同宪法、法律、行政法规相抵触的前提下,可以制定地方性法规；民族自治地方的人民代表大会可以制定自治条例和单行条例。从规定中可以看出,地方人大也行使立法权,如果又规定全国人大是行使国家立法权的唯一机关,那么两者就互相矛盾。所以"唯一"的提法不正确,在宪法中不能这样用。

第三种意见也认为,宪法既规定全国人大是唯一立法机关,又规定省、直辖市的人大及其常委会可以制定地方性法规,这二者从逻辑上说不通,地方性法规虽不是"法律",但总算是一种"法",所以他们提出把"唯一"二字去掉,改为全国人大和它的常委会是行使国家立法权的机关。即是说,全国人大和它的常委会不是唯一的制定法的机关,因为省和直辖市的人大及其常委会也可制定地方性法规。国家立法权和制定地方性法规的权力是有区别的,前者只能由全国人大和它的常委会行使,效力及于全国;后者是由地方人大和它的常委会行使,效力只及于本地区。宪法这样规定,既有利于发挥中央和地方两方面的积极性,又避免把两种制定法的性质等同起来,这是比较恰当的,宪法修改委员会采纳了这一意见。

第二,大城市是否也应有立法权? 在讨论中许多人提出,除了省、直辖市外,大城市也应有制定地方性法规的权力。可以规定一个限度,如一百万或二百万以上人口的城市可以有立法权。像广州、重庆、沈阳等,可考虑赋予其制定地方性法规的权力。这个意见最后没有被采纳,主要考虑到我国的社会主义法制应当统一。如果制定地方性法规的机关太多,就不利于法制的统一。所以宪法没有把制定地方性法规的权力扩大到大城市一级。

但是宪法通过后,《地方各级人民代表大会和地方各级人民政府组织法》根据宪法的精神,作了一些稍为具体的规定,即"省、自治区的人民政府所在地的市和经国务院批准的较大的市的人民代表大会常务委员会,可以拟订本市需要的地方性法规草案,提请省、自治区的人民代表大会常务委员会审议制定,并报全国人民代表大会常务委员会和国务院备案"。就是说,大城市人大常委会可以提出地方性法规草案,但无制定地方性法规之权。地方性法规的制定权还是属于省、直辖市的人大和它们的常委会。这样规定有两个好处,一方面可以适应大城市发展的需要,另一方面又可以使地方性法规制定得比较稳妥,保持法制的统一。

十三　全国人民代表大会的作用问题

第一,在宪法修改过程中,大家普遍提出,要加强全国人民代表大会的建设,充分发挥其最高国家权力机关的作用,使其真正成为有权威的人民代表机关。现在全国人大代表的人数很多,每年开一次会,会期又很短,要发挥更大作用还有困难,因此全国人大的代表人数应当减少;但是我国地大人多,全国人大代表的人数又要照顾到各个方面,太少了也不行,否则就没有广泛的代表性。所以,同时加强全国人大常委会的作用,就成为加强全国人大建设和充分发挥全国人大作用的一个主要问题。

第二,宪法从两个方面加强了全国人大常委会的作用。

第一个方面是从组织上加强:(1)规定全国人大常委

会的组成人员不得担任国家行政机关、审判机关和检察机关的职务。使全国人大常委会委员专职化,专门从事常委会的工作,并有利于监督国家行政机关、审判机关和检察机关的工作。(2)规定全国人大常委会委员长、副委员长连续任职不得超过两届,废除领导职务终身制。(3)规定全国人大常委会委员长、副委员长、秘书长组成委员长会议,处理全国人大常委会的重要的日常工作,加强了对全国人大常委会的重要日常工作的领导。(4)规定全国人大设立各种专门委员会,在全国人大闭会期间,各专门委员会受全国人大常委会领导。这样,全国人大及其常委会就有了自己的日常办事机构,处理应当处理的日常事务。

第二个方面,从职权上加强:(1)规定全国人大常委会可以制定和修改除应当由全国人民代表大会制定的法律以外的其他法律,以加速法律的制定和修改。(2)在全国人民代表大会闭会期间,全国人大常委会可对全国人大制定的法律进行部分补充和修改,但是不得同该法律的基本原则相抵触。(3)在全国人大闭会期间,审查和批准国民经济和社会发展计划、国家预算在执行过程中所必须作的部分调整方案。(4)在全国人大闭会期间,全国人大常委会可以根据国务院总理的提名,决定部长、委员会主任、审计长、秘书长的人选。一九七八年宪法只是规定:"在全国人民代表大会闭会期间,根据国务院总理的提议,决定任免国务院的个别组成人员。"一九八二年宪法的规定,就不限于个别组成人员。(5)规定在全国人大闭会期间,全国人大常委会可以根据中央军事委员会主席的提名,决定中央军事委员会其他组成人员的人选。以上五个方面,大大加强了全国人大常委会的职权。

第三,也有人提出,全国人大常委会的职权是扩大了,但有些职权超过了全国人大,使全国人大有被架空的危险。如全国人大常委会可以对全国人大制定的法律进行部分补充和修改,就显得权力过大。从法律上说,全国人大制定的法律只有它自己才有权改变。如果由全国人大常委会进行修改,它可以小修改,也可以大修改,也可以修改得和原来的意思完全不一样。根据这些意见,宪法在第六十七条全国人大常委会的第三项职权中增加了一句"但不得同该法律的基本原则相抵触",在第六十二条全国人大的职权里增写了一项"改变或者撤销全国人民代表大会常务委员会不适当的决定"。这在过去几部宪法里是没有的。这样,全国人大常委会的权力虽然扩大了,但它还是对全国人大负责,受全国人大的领导和监督,不产生架空人大的问题。相反,它可以使全国人大集中处理好必须由它处理的重大问题,可以更好地发挥和加强全国人大的作用,而不会降低或削弱它的作用。

十四　国家领导机关领导人员的任期和副职人数问题

第一，所谓国家领导机关，这里是指全国人大及其常委会、中华人民共和国主席、国务院、中央军事委员会、最高人民法院和最高人民检察院。在讨论中许多人提出，这些国家领导机关中的副职人员，如副总理、副部长、副委员长等人数太多，职责不明，不利于工作。

国务院中每个副总理一般都主管一两个部，许多事情要主管的副总理决定，这样不利于发挥部长的作用。另一方面，国务院常务会议和全体会议的人数也增多了，全体会议的人数已达到一百，不利于国务院的活动。在全国人大常委会中，副委员长的人数太多，也不利于全国人大常委会的活动。如果上级国家机关设立的副职多，下级国家机关也跟着多设副职，有许多事情，无人负责，机构臃肿，效率很低。因此，很多人提出，要明确规定副职人数。同时还要对国家机关领导人员的任期加以限制，废除终身制。这样既能提高工作效率，又可防止个人专断。

第二，另一种意见认为，国家领导机关中的副职人员应当精简，这有利于国家领导机关提高工作效率。但还要结合我国的具体情况，从我国的实际出发，在国家领导机关人员的组成中，需要考虑到这些情况，照顾到各个方面，副职太少也不行。原来在起草中曾规定国务院设副总理两名、国务委员十名，这样把副职人数明确地规定下来，当然也可以。但是在写全国人大常委会的组成人员时就感到需要重新考虑。宪法中应当规定副委员长几人？现在有些民主党派有人担任副委员长，有的少数民族也有人担任副委员长，还有军队等方面的同志担任副委员长，这样，加起来人数已经不少了，而规定副总理两名是否就很合适，也没有把握，不如不写。因此后来对副总理、副委员长只规定为若干人，而没有规定具体人数，这是从我国的实际出发的。规定具体人数，做不到就违宪，否则就要经常修改宪法，不利于宪法的稳定。副委员长的人数太少了，也不利于团结各族人民和各民主党派，不利于调动各方面的积极因素。

关于国家领导机关的领导人员的任期，大家都觉得应当给予限制，连续任期不得超过两届。但在写中央军事委员会主席时没有这样规定。因为考虑到中央军事委员会和其他国家领导机关不同，它是全国武装力量的领导机关，要应付战争等紧急状态，如果宪法也规定它的任期，可能会带来一些不利的后果。所以宪法将中央军事委员会与其他国家领导机关作了区别对待,对中央军事委员会主席的任期未作限制。

第三,讨论中有人提出,国务院各部部长、最高人民法院副院长、最高人民检察院副检察长的任期也应给予限制。大多数人认为,这些职务虽然很重要,但从作用上看,其任期长短并不足以影响整个国家的前途和命运。只要对国家正副主席、全国人大常委会正副委员长、国务院正副总理和国务委员、最高人民法院院长、最高人民检察院检察长的任期加以限制就可以了。实际上我国的部长经常在变动,不需要加以限制,宪法采纳了后一种意见。

第四,少数人认为,国家领导机关领导人的任期可以不加限制,以便更好地发挥领导人员的才能。还有一些人认为,应当规定领导人员连续任职不得超过三届,以便于领导人积累经验,保证国家政策的连续性和稳定性。这些意见后来被否定了。

十五 关于宪法的监督和保障

这个问题是宪法修改过程中讨论得比较多的一个问题,主要有以下三种意见:

第一种意见,鉴于"文化大革命"中宪法的实施毫无保障和遭到严重破坏的深刻教训,许多同志提出要设立一个专门机构如宪法法院、宪法委员会或由法院来保障宪法的实施。现在世界各国对于保障宪法的实施,都比较重视,它们采用各种不同的形式来监督宪法的实施。有的由司法机关行使违宪审查权,如果法院在审理某一案件中,认为某项法律违反宪法,则可宣布该项法律无效或者对本案不适用。有的国家设立宪法法院,专门负责处理法律与宪法相违背的问题。有的国家则采取宪法委员会的形式,预先审查法律是否违宪。有些国家则由议会审查法律是否违宪。在讨论中有些人提出我国可以采取由法院或宪法法院审查法律是否违宪的方式,许多人认为在我国目前情况下,法院自身的任务已很繁重,难以担当此任。况且审查违宪事关重大,需要有更大权威的机关来行使。因此又有人提出可以参照国外的一些做法,设立宪法委员会或宪法法院,由国家最有权威、最有地位的人员来组成,监督宪法的实施。

第二种意见认为设立一个类似宪法委员会或宪法法院的专门机构没有必要。(1)在全国人民代表大会之下设立一个宪法委员会不符合我国人民代表大会一元化的领导体制。我国最高国家权力机关是全国人民代表大会和它的常务委员会,如果全国人大常委会旁边有一个与它平行的宪法委员会,则全国人大下面就有两个常设机关。如果这两个机关意见分歧,如何解决?这显然与我国的政治体制不一致。(2)宪法的监督和保障,需要专门的机构和人,但它不是依靠少数人的力量所能解决的。"文化大革命"中宪法横遭破坏,并不是因为没有监督宪法实施的机构,而恰恰是由于一个或少数掌握党和国家最高权力的人,置宪法于不顾,破坏了宪法的实施。所以要保障宪法的实施不能只着眼于一个或少数有权力的人,而在于充分发展社会主义民主和党内民主,使国家政治生活民主化,在于广大人民和党员都能担负起维护宪法、保证宪法实施的责任,十亿人民的力量是最大的力量,十亿人民保证宪法的实施,这是最大的保证。

第三种意见认为,由全国人大、全国人大常委会监督和保障宪法的实施较好。因为最高国家权力机关和它的常设机关既是最有权威的机关,又可以经常性地监督宪法的实施,这样做比较适合我国的实际情况,也体现了全国人大统一行使最高国家权力的政治制度。这样做也比一九七八年宪法前进了一步,一九七八年宪法只规定全国人大常委会有权监督宪法的实施,这样规定又增加了全国人大对宪法实施的监督,使宪法的监督更有权威性。为了使监督和保障宪法的实施更好地落实,宪法还可规定在全国人大及其常委会下设立专门委员会,审议全国人大常委会交付的被认为同宪法、法律相抵触的国务院的行政法规、决定和命令,国务院各部、各委员会的命令、指示和规章,省、自治区、直辖市的人大和它们的常委会的地方性法规,以及省、自治区、直辖市的人民政府的决定、命令和规章,向全国人大常委会提出报告。后来宪法修改委员会采纳了这一意见。有些内容还在全国人大组织法中作了规定。

十六　戒严问题

第一,戒严是宪法中一个重要问题,它关系到国家的安全和社会秩序的稳定,关系到公民的基本权利和自由的行使。在戒严的情况下,常常停止宪法中公民的某些基本权利和自由的行使,所以必须采取极其严肃慎重的态度。因此有人认为,应当由最高国家权力机关行使宣布戒严的权力,其他机关都不能行使。一九五四年宪法规定由全国人大常委会行使此项权力,是比较适当的。

第二,有的认为戒严既然关系到社会秩序的安定及公民基本权利自由的行使,因此决定戒严的权力应由全国人大常委会行使,即使个别的省、自治区、直辖市的戒严也应如此。但考虑到我国地区大,全国人大常委会又不能经常开会,因此省、自治区、直辖市范围内部分地区的戒严可由国务院决定。最后宪法修改委员会采取了这种规定，即省、自治区、直辖市以上的戒严由全国人大常委会决定，不及一个省的行政区域，如一个县的戒严，由国务院决定。

十七 全国人民代表大会的专门委员会

第一，在全国人大下面是否需要增设专门委员会？讨论中有人提出，全国人大和它的常委会主要以会议的形式进行工作、行使职权，因此在全国人大下面增设专门委员会必要性不大。

第二，多数意见认为，全国人大下面应当增设一些专门委员会，其理由是：

（1）全国人大代表多，主要靠每年举行一次会议进行工作，全国人大常委会也是每两个月举行一次会议。所以应当增设一些专门委员会，作为全国人大和它的常委会的办事机构，协助全国人大和它的常委会进行会前的准备工作和会后的具体工作，审议、提出有关议案，这对加强全国人大和它的常委会的工作无疑是有好处的。

（2）有利于全国人大及其常委会对国务院、最高人民法院、最高人民检察院等机关的监督，专门委员会在平时就可以和国务院等机关经常接触，了解情况，调查研究，向全国人大及其常委会提出建议。不然，平时对其活动不了解，到开会时对国务院等机关的工作进行监督，短时间内就难以提出中肯的、正确的意见，这就不能很好地行使最高国家权力机关的监督权，设立专门委员会就可以避免这些问题。

（3）设立专门委员会能和国务院各部委、人民法院、人民检察院更好地互相配合，协调工作。因为各专门委员会系与国务院各部委、法院、检察院对口而设，专门委员会了解、研究国务院等机关的情况，目的是为了使这些机关工作得更好，而不是去专门挑剔这些机关的毛病，和这些机关作对。所以专门委员会的设立受到国务院各部委的欢迎。而且专门委员会的委员大多都熟悉和从事过政府、法院、检察院的工作，更有利于相互协调和配合。

（4）早在一九五六年全国人大就有设立八个专门委员会的设想，只是由于客观原因而未实现。今天条件具备，应当增设专门委员会。至于设立多少，经过讨论，大家认为不能太少，也不能太多。太少就失去了意义，太多则尚无经验。可先设立民族、法律、财政经济、教育科学文化卫生、外事、华侨等六个委员会和"其他需要设立的专门委员会"，这样既有六个具体的专门委员会，又规定可设立其他需要设立的委员会，具有灵活性。

（5）在许多国家议会中，都有若干专门委员会，在国会工作中发挥着重要作用。在美国，这些委员会被称为"行动中的国会"，这些经验我们可以借鉴和参考，但不能生搬硬套。宪法修改委员会采纳了上述意见。

十八　中华人民共和国主席

围绕着是否设立中华人民共和国主席这一问题，有以下三种意见：

第一，认为没有必要再设国家主席，其理由是：（1）我们已经多年未设国家主席了，国家的各项工作还是照样进行。事实既已如此，一九七五年宪法也已取消这一机关，就没必要再恢复，这是其一。（2）设立国家主席又要增加一个国家机关和一批工作人员，不符合精简机构的精神。（3）不设国家主席，有利于防止个人迷信和个人专断，有利于发扬社会主义民主，使国家生活民主化。（4）毛主席在世时曾经主张不设国家主席。

第二，主张设立国家主席。其理由是：

（1）设立国家主席是一项具有我国特点的国家制度，符合我国人民的习惯和愿望。我国的最高国家权力机关是全国人民代表大会，但在一九五四年宪法中又规定设立国家主席,反映了我国国家制度的特点。既有全国人大及其常委会,又有国家主席,这一点跟有些社会主义国家不同,和一些议会制国家也不同。刘少奇同志在关于一九五四年宪法草案的报告中说得很清楚:"适应我国的实际情况,并根据中华人民共和国成立以来建设最高国家权力机关的经验,我们的国家元首职权由全国人民代表大会所选出的全国人民代表大会常务委员会和中华人民共和国主席结合起来行使。我们的国家元首是集体的国家元首。同时,不论常务委员会或者中华人民共和国主席,都没有超越全国人民代表大会的权力。"这种集体国家元首表现为全国人民代表大会常务委员会集体决定的内容和国家主席执行相结合的形式,这是我国国家制度的一个特点。从一九五四年宪法颁布到"文化大革命"开始,我们都实行国家主席制度,国家主席行使宪法规定的权力。从毛主席担任国家主席到刘少奇继任国家主席、董必武代理国家主席,多年的实践证明,设立国家主席对我国是必要的,在我国政治生活中起过重要作用。有人统计过,在毛泽东、刘少奇任国家主席期间,召开过十六次国务会议,公布过许多法律、法令,发挥了重要的作用。

(2)国家主席制度是在极不正常的情况下被取消的。"文化大革命"开始以后,当时的国家主席未经任何法律手续即被剥夺了职权,甚至被剥夺了人身自由,最后被迫害致死,这些情况是极不正常的。到一九七五年宪法干脆取消了国家主席制度。这也是"文化大革命"中对一九五四年宪法所作的修改,这一修改没有任何正当理由,反映了我国政治生活的不稳定、不正常。

(3)粉碎"四人帮"以后,特别是党的十一届三中全会以来,经过一系列的拨乱反正,我们的国家生活逐步走向稳定,恢复曾经建立过多年、起过良好作用的国家主席制度是比较适宜的。宪法规定重新设立国家主席,也体现我国政治生活逐步走向正常化这一重要转变。

(4)设立国家主席有利于国家机关的合理分工,也是工作的需要。从国内来讲,有些职权需要由国家主席这一机关分工行使。如一九五四年宪法规定,根据中华人民共和国主席的提名,全国人民代表大会决定国务院总理的人选;国家主席根据全国人大和它的常委会的决定,公布法律和法令,任免国务院总理、副总理、各部部长、各委员会主任、秘书长,授予国家的勋章和荣誉称号,发布大赦令和特赦令,发布戒严令、宣布战争状态,发布动员令等。一九七五年宪法取消了国家主席制度,就出现了一些不适当的规定,如它规定全国人大根据中国共产党中央委员会的提议,任免国务院总理和国务院组成人员;中国共产党中央委员会主席统率全国武装力量等。这些规定把党和国家的职能混在一起,是不适当的。而且由于取消了国家主席制度,又没有对原来由国家主席行使的职权作其他规定,就使一些重要的国家权力没有机关去行使。如公布法律和法令、发布戒严令、发布动员令等职权,根据一九七五年宪法,看不出由谁行使,一个国家竟然连谁公布法律都没有规定,在国家机构上是一个重大的缺陷。总之,由于一九七五年宪法取消了国家主席制度,就出现了两种情况:一种情况是有些国家权力不知由谁行使,另一种情况是国家权力由不该行使它的社会政治组织来行使。恢复国家主席制度,有利于国家机关的合理分工,是工作的需要。

(5)设立国家主席,是对外工作的需要。我国这样一个大国,在国际上有较大的影响,随着我国国际地位的提高,外国国家元首来访问的日益频繁,我国需要有一个对等职位的领导人来接待,才合乎国际惯例。对于外国的国家元首派驻我国的特命全权大使,也需要有适当的人接见,没有一位国家主席,工作就感到不便,对外国国家元首的来访,常常需要适当的回访,或者应外国国家元首的邀请,到该国进行访问,都需要有适当的人进行这方面的工作。在国外,一些人认为我国全国人大常委会委员长不是国家元首,而是议长,如以国家元首的礼仪接待,觉得有点高了。当然,从我国的宪法规定看,委员长不是议长,他的地位比一般的议长要高,如果以议长的礼仪接待,就降低了他的地位。这样在对外活动中出现很多不便。外国元首来我国访问,由于没有设国家主席,所以总是由总理或委员长接待,而总理是政府首脑,这样做也不很适当。许多外国的政府首脑或总理来访,按国际惯例,也需要国务院总理接待,这样国务院总理的接待任务就显得非常繁重。设立国家主席,既可以避免上述不方便,又可以减轻其他国家机关领导人如国务院总理、委员长在外事活动中的负担,使他们集中精力处理他们所应处理的事务。

总之,无论是从对内还是对外来说,设立国家主席是工作的需要,有利于国家机关的合理分工。根据以上意见,宪法重新设立了国家主席制度。

十九　国务委员

第一种意见认为,设立国务委员很有必要,有许多好处:(1)可以减少国务院副总理的人数,有利于精简机构。原来副总理有十几个,设立国务委员后,副总理人数大大减少了,精简了机构。(2)国务委员多数兼一个部、委的领导工作,有利于提高这些部门的工作效率。(3)由总理、副总理、国务委员、秘书长组成国务院常务会议。国务院设国务委员后,减少了副总理的人数,又有一些国务委员兼任部长,这样,国务院常务会议的人数减少了,有利于整个国务院的工作。

国务院有两种会议：全体会议和常务会议。全体会议有一百多人参加，要决定问题很难。主要靠常务会议。过去副总理有十几个，不兼任部长，对部里的情况了解得不够具体。现在副总理减少了，同时又有一些重要的部由国务委员兼任部长，参加国务院常务会议，决定问题就更符合实际，常务会议就开得更好。宪法修改委员会采纳了这种意见。

第二种意见主张不设立国务委员，其主要理由是减少了副总理，又增设国务委员，只是改变了名称，并没有精简机构，意义不大。

实际上设立国务委员后，国务院的机构要精简些，所以宪法修改委员会没有采纳这种意见。

二十　关于保护华侨的正当权益

有的认为将一九五四年宪法中规定的国务院"管理华侨事务"的职权修改为"保护华侨的正当的权利和利益，保护归侨和侨眷的合法的权利和利益"，比较妥当。这样既说明国务院关心住在国外的华侨，又不妨碍我国与其他国家的关系。我国只保护他们正当的权利和利益，而不干涉别国的内政。我国在国外有几千万华侨,如果宪法规定"管理华侨",别国就会对我们有意见。写"保护"华侨正当的权利和利益就不同了,我们虽不直接管理华侨,但如别国歧视、排挤华侨,我们就可提出意见,这从国际关系上说也是允许的,完全谈不上什么干涉别国的内政。宪法修改委员会采纳了这一意见。

有的认为,宪法还应当规定"管理华侨事务",以表示国家对华侨的重视和保护,而不必考虑其他因素。宪法修改委员会没有采纳这一意见,因为这样做容易引起不必要的外交关系上的问题。

二十一　关于中央军事委员会

一种意见认为,宪法中应当规定国家的军事机关。因为从马克思主义的观点来说,军队、警察、监狱、法庭是国家机器的重要组成部分,毛泽东同志在《论人民民主专政》一文中也明确地指出了这一点。如果作为国家根本法的宪法不对军队这一国家机器的重要部分作出规定,显然是有缺陷的。而且我们的宪法中规定了国务院领导和管理民政、公安、司法行政和监察等工作,规定了人民法院和人民检察院,惟独没有规定军队,是不妥当的。

另一种意见认为不必要建立中央军事委员会,觉得在我国长期革命斗争历史中,已经形成中国共产党对军队的绝对领导地位,在宪法中就没有必要再作其他规定。

宪法修改委员会后来采纳了第一种意见,在宪法中规定设立中央军事委员会。这样可以使党通过国家机关更好地领导军队。

二十二 关于地方人民代表大会每届的任期

第一,考虑到省一级地区较大,同时也为了与全国人大每届任期五年相衔接,一般都主张省、自治区、直辖市、设区的市的人民代表大会每届任期五年,实行间接选举。而县以下行政区域地方不大,人口较少,每届人大的任期可以规定为两年,以便更好地发扬人民民主。

第二,有的认为,县级以下的人大每届任期两年,选举过于频繁,不利于各项工作,可以改为两年半,外国也有这样的例子,苏联的地方苏维埃选举就是这样。但后来又考虑到两年半为一届,在年中即六七月份选举,正好是农忙时节,这时换届,不利于农业生产。因此主张将县级以下的人民代表大会每届任期改为三年。宪法修改委员会采纳了这种意见,将直接选举产生的人大每届任期改为三年。而且任期三年对选举出席上一级人民代表大会的代表也没有什么影响,这种选举可以按期进行。

二十三 居民委员会、村民委员会

第一,这次修改宪法,为什么把居民委员会也写进宪法?这是因为在讨论中,许多人认为,居民委员会长期以来在维护社会治安、推动爱国卫生、调解民间纠纷方面起过良好的作用,是一种很好的群众自治组织形式。通过居民委员会可以把广大城市人民组织起来。农村也应建立类似这样的组织,即村民委员会。充分发挥它们的作用,把它们规定到宪法里面,有着重要的意义,这是一九八二年宪法的一个重大发展。对于巩固地方政权,起着不可忽视的作用。特别是它在调解民事纠纷方面,很有成效,也受到了外国友人的称赞。

第二,关于居民委员会的性质,有不同的看法。有的认为居民委员会是一种基层群众性自治组织。它是由当地居民组成的自己管理本地区事务的群众性组织。它不是按照全国人大和地方人大选举法选举产生的国家机关,它的委员也不是国家机关干部,不是由国家机关任命的。

也有人主张将它作为基层政权组织,因为它起着基层政权的作用。但是把居民委员会作为基层政权,就要增加一级数量很大的国家机关,它管辖的地区小,又没有财政权,在居委会工作的都是一些退休的老人和家庭妇女,不如把它作为一种群众性自治组织,以便更好地发挥其作用。

宪法修改委员会采纳了前一种意见,在宪法第一百一十一条对居民委员会和村民委员会的性质作了明确的规定:"城市和农村按居民居住地区设立的居民委员会或者村民委员会是基层群众性自治组织。"

二十四 关于行政区域

在一九五四年和一九七八年宪法中,行政区域的划分都是放在"地方各级人民代表大会和地方各级人民政府"这一节中。一九八二年宪法把这一条提前,放在总纲中的第三十条,这主要是考虑到要设立特别行政区,把我国行政区域这一条提前,从逻辑上比较适当。先讲我国的行政区域,再写特别行政区,由一般到特殊,顺理成章,条理清楚。不然,一开始就讲特别行政区,而行政区域的划分尚未出现,就不很恰当。

二十五　民族自治地方的自治机关

什么是民族自治地方的自治机关？宪法在第一百一十二条明确规定："民族自治地方的自治机关是自治区、自治州、自治县的人民代表大会和人民政府。"但在讨论中曾经有不同看法。一种意见认为，民族自治地方的自治机关不但包括民族自治地方的人民代表大会和人民政府，而且还应当包括人民法院和人民检察院。既然一个地方是民族自治地方，那么这个地方设立的国家机关都应当是自治机关。

另一种意见认为，民族自治地方的自治机关只应包括权力机关和行政机关。民族自治地方的少数民族主要通过这些机关来实现本民族当家作主、管理本民族事务的权利。为了维护社会主义法制的统一，健全社会主义法制，还是以不写法院、检察院为自治机关为好。法制统一的必要性，列宁早已作过阐述。像我们这样一个大国，法制应当是统一的。当然法律还要考虑到各少数民族地区的具体情况，在执行中可以有某些灵活性，但就基本原则来说，我国的法制应当是统一的。法制的统一并不排斥人民法院和人民检察院对少数民族合法权利的保护，相反它们必须从司法上保护少数民族的权利。宪法第一百三十四条专门规定了各民族公民都有用本民族语言文字进行诉讼的权利，就是一个例证。因此，宪法修改委员会采纳了后一种意见。

二十六　专门人民法院

宪法第一百二十四条规定："中华人民共和国设立最高人民法院、地方各级人民法院和军事法院等专门人民法院。"在讨论中曾有人提出，应当写得更具体一些，写"设立军事法院、铁路法院、水上运输法院、森林法院等专门法院"。另一种意见认为只写"军事法院等专门法院"就行了。因为军事法院涉及军事秘密等，具有特殊性，因此应予以明确规定。至于其他专门法院究竟应设多少，设立哪些，现在经验还不成熟，因此以不作例举规定为好。譬如不例举铁路法院、水上运输法院等，而尽可能把一些审判工作归属于地方人民法院，以有利于保证法制的统一。

宪法规定"设立军事法院等专门人民法院"，是比较妥当的。说明除军事法院外，以后也可以设立经实践检验确实必要的、成熟了的其他专门人民法院。例如一九八四年十一月全国人大常委会决定在沿海港口城市设立海事法院。反之亦然，经实践证明没有必要设立的专门法院，就可以不设。总之成熟一个设立一个，这样比较灵活。我们宪法中有许多这样的情况，对于一时难以肯定的东西，不规定过死，而留有余地。否则，写多了，将来做不到，就会发生违宪；写少了，又落后于现实的发展。所以采取这种灵活性的写法，是比较妥当的。

二十七　人民法院依照法律独立行使审判权

一九五四年宪法规定"人民法院独立进行审判，只服从法律"，一九八二年宪法将此修改为"人民法院依照法律独立行使审判权，不受行政机关、社会团体和个人的干涉"。像这种写法，明确指出不受哪些机关干涉，在宪法中共有三处：第一百二十六条关于人民法院、第一百三十一条关于人民检察院、第九十一条关于审计机关。为什么要对一九五四年宪法中关于人民法院独立进行审判的内容作此修改？

独立审判是我国审判制度的一个重要原则，一九五四年宪法对它作出了规定，有利于保护公民的合法权益，使法院严格依法办事，正确处理案件，有利于健全社会主义法制。一九七五年宪法和一九七八年宪法取消了这一规定，理由是审判独立是资产阶级的观点，我们是社会主义国家,不能搞什么审判独立。诚然,独立审判是资产阶级首先提出来的,目的是为了更好地维护资产阶级的利益,而且在资本主义社会里,有钱就有一切,事实上不可能真正做到审判独立。但审判独立在历史上还是起了进步作用的,有利于反对君主专制,维护资产阶级民主。

我们是社会主义国家,强调人民法院独立审判,是从无产阶级和广大人民的利益出发,有利于健全社会主义法制,保障社会主义民主。同时,我们消灭了人剥削人的制度,这就为真正做到独立审判提供了前提。所以我国一九八二年宪法和一九五四年宪法一样都是承认这一制度的。

但在修改宪法的讨论中有人觉得一九五四年宪法的用语不够确切,因此作了修改。首先,各级人民法院必须接受同级人民代表大会和它的常务委员会的监督和领导。各级人民法院是由同级人民代表大会产生的,它对同级人民代表大会负责并报告工作,在同级人民代表大会闭幕时,对它的常委会负责并报告工作。同级人民代表大会和它的常委会虽然不干涉人民法院对具体案件的审判,但它还是要监督人民法院的工作的。因此像一九五四年宪法那样规定人民法院只服从法律,是不确切的,有点绝对化。其次,各级人民法院必须接受中国共产党的领导,党的领导是我国宪法所确认的四项基本原则之一。党是人民利益的忠实代表,它对整个国家实行领导,作为国家机关之一的司法机关当然也要受它领导。党的这种领导地位是在长期革命斗争中自然形成的,是经实践证明的和广大人民认可的唯一正确的领导,尽管党也可能犯错误,但我们党最终能够自己纠正它的错误,不能以此而否认党的领导。当然,党的领导主要是从思想政治上进行领导,帮助法院选拔干部,执行党的路线和政策,教育审判人员严格依法办事等,而不是直接干预人民法院的日常审判工作。

宪法规定人民法院依照法律独立行使审判权,就是说审判权只能由法院依法行使,别的任何机关都不能行使审判权。而且又特别指出:"不受行政机关、社会团体和个人的干涉。"这句话规定得比较适当。这就说明哪些单位和个人不能干涉法院依法行使审判权,以保证审判工作能正确地和顺利地进行,而把权力机关排除在外,说明国家权力机关是可以干预人民法院的工作的;也没有写检察机关不可以干预,因为检察机关和人民法院是相互配合、相互制约的关系。宪法规定不受社会团体的干涉,却没有写政党,说明人民法院行使职权不能把党的领导排除在外。因为在我国宪法中,社会团体不包括政党,而是分开写的。如宪法序言最后一段规定:"全国各族人民,一切国家机关和武装力量、各政党和各社会团体、各企业事业组织,都必须以宪法为根本的活动准则……"显然,政党和社会团体是不完全一样的。这样,宪法明确规定了不受哪些方面的干涉,对于保证人民法院有效地行使审判权,有着极为重要的意义。一九八二年宪法对一九五四年宪法的修改不但在文字上显得更为严谨、确切,在内容上也比一九五四年宪法更加明确、清楚,划清了一些界限,维护了宪法的原则。

二十八　人民陪审员制度

一九五四年宪法规定:"人民法院审判案件依照法律实行人民陪审员制度。"一九八二年宪法对此没有作规定。在讨论中有人提出:人民陪审员制度是我国长期以来实行的一项重要审判制度,对于正确处理案件,维护公民合法权益,有积极的意义,参加审判,实际上就是参加国家管理,是劳动人民当家作主的表现,因此宪法应继续规定这一制度。

另一种意见认为,人民陪审员制度是一项好的制度,但是现在实行起来有很大困难。特别是在"文化大革命"中,法制被破坏,公、检、法被"砸烂",政法院系被取消,致使现在许多人缺乏法律常识,能够胜任陪审员这一职务的人很少。如果宪法规定这一制度,而事实上在较长时间内又不能实现,则有违宪问题。还有一个问题,就是经费问题,对人民陪审员应有一定的报酬,如果没有报酬或补贴,也使一些人难以担负陪审员的工作。因此宪法后来就没有规定陪审员制度。但这并不排除有条件的地方可以继续实行这一制度。这样就比较灵活,比较符合我国的实际情况。我们的立法都要从实际出发,而不是想当然,想怎么写就怎么写,还要看是否能行得通。

二十九　人民法院、人民检察院、公安机关互相配合和互相制约问题

第一,在讨论中有人提出,人民法院、人民检察院和公安机关在办理刑事案件时,实行分工负责、互相配合、互相制约的原则,对于加强社会主义法制,保证准确有效地执行法律、维护公民的合法权益,都有重要的意义,这是我国司法工作中长期行之有效的一项好经验,因此应以根本法的形式加以确认。虽然这一原则在刑事诉讼法中也有规定,但写到宪法中就更加强调了它的重要性和意义。

第二,有人认为这一原则虽然很好,但刑事诉讼法中已经有了规定,宪法就不必再作规定,以免重复。还有的人也不主张规定这一原则。理由是这一节的标题是"人民

法院和人民检察院",而中间却出现了一个公安机关,这样在体例上有点不大合适。如上所述,考虑到这一原则的重要性,宪法修改委员会没有采纳这些意见。

三十　计划生育问题

第一,计划生育为什么要写入宪法?

有些同志,特别是主管计划生育工作的同志强烈提出,计划生育应当明确地写入宪法。因为计划生育关系到我国经济文化能否较快发展,关系到子孙后代能否健康成长,是我国的一项重大决策,作为国家根本法的宪法对此应当有所反映。这点大家都比较一致。

但是关于计划生育应当写多少条,则有不同的看法。有的主张多写几条,有的主张概括地写几条就可以了。最后决定在第二十五条和有关的第四十九、八十九、一百零七条中写了计划生育。

在如何写这一条文的问题上也有不同意见,一种意见认为,只写国家"提倡"计划生育就可以了,因为计划生育是思想认识问题,不能只靠法律手段解决。另一种意见认为,只写"提倡"二字,显得没有力量,不利于计划生育政策的贯彻。经过讨论,在宪法第二十五条写上"国家推行计划生育",用"推行"二字代替"提倡",显得有力量些。同时在第四十九条规定:"夫妻双方有实行计划生育的义务。"这样,对国家讲是推行,对夫妻讲是义务,既不完全依靠法律,也不是不要法律,而是把两者有机地结合起来。

第二,为什么要推行计划生育?目的是什么?对宪法第二十五条应如何写?曾讨论了好几次。原来写的是为了防止人口增长过快,以免影响经济的发展,也有人提出是为了保证人民的健康,使人口出生合乎优生规律。后来觉得只写某一个方面都不合适,于是改为现在第二十五条的写法:"使人口的增长同经济和社会发展计划相适应。"这样写比较完整。

第三,关于计划生育这一条应当写在哪里?就这个问题曾经讨论了较长时间。一种意见认为应放在"公民的基本权利和义务"一章,另一种意见认为应当写在"总纲"里面,因为它不仅是夫妻双方的义务,而且是关系到国计民生的重大问题,应在总纲里予以阐明。查国外的宪法,也有写在总纲里的例子。讨论中认为,这两种说法都有道理,于是采纳了这两种意见,既在总纲里写,也在第二章里写。同时在县级以上各级人民政府的权限里都写入了计划生育工作。这样从不同的角度写,比较全面,有利于计划生育政策的贯彻执行。

三十一　关于我国的语言问题

主要讨论了以下四个问题:第一,我国宪法要不要明确规定国语?有种意见认为,为了发展我国的社会主义经济、文化,应当明确规定汉语为中国国家语言。另一种意见与此相反,认为汉语事实上已在全国通行了,没有必要再由宪法规定一个国家语言。因为这样做会引起一些不必要的连锁反应。比如说,有的自治区是不是要规定它那个地区的类似国语性质的语言?因此还是不规定国语为好。

第二,什么是国语?既然要规定国语,就应当把它的内容搞清楚。有人认为,北京话就是国语。有人不同意。因为什么是北京话本身就不清楚,包括一些著名的语言学家也提出这一意见,其实北京话中也有许多土话、方言。尤其是在北京的农村地区,有些方言也不是每个人都能听得懂的。也有人认为汉语就是国语,那么汉语中也有多种方言,很不统一。所以,很难说哪种语言是国语。

第三,有人提出,宪法应当写上"国家推广全国通用的普通话"。这些同志主张,既不叫国语,也不叫北京话,而叫普通话。这样大体上大家都能听得懂,都能讲,在全国范围内能够通用。在宪法修改委员会讨论语言问题时,委员们强烈提出,中国各个地方的方言俚语混杂,彼此语言不通的现象再也不能继续下去了。有的委员指出,如果一个北方人到上海、广东和福建等地工作,不带翻译不行,这种方言众多的现象非常妨碍经济建设的发展和文化交流,不利于进行"四化"建设。因此,必须大力推广普通话。委员们对这个看法比较一致,所以后来写入宪法。

第四,推广普通话应当写在宪法的哪一条里?第一种意见认为,应当写在国旗、国徽、首都一章中。许多人认为放在这一章不合适、不协调。另一种意见认为应当写在第四条。许多人不赞成这种意见,因为这样就意味着似乎只有少数民族才有这个语言问题,而汉族就不存在这个问题。第三种意见是现在宪法中所用的写法,放在第十九条里面。因为语言问题主要是一个推广、教育的问题,放在其他条文里都不太合适。

第三章　修改宪法中对序言和条文的具体讨论

　　第二章从总的方面讲了宪法修改过程中所讨论的一些问题,对一些重要的理论问题进行了探讨。在本章中我们将逐章逐条讨论一些更具体、更详细的问题,讲它为什么这样规定而不那样规定,这里除了理论上的问题外,还涉及一些语法上的、逻辑上的即技术上的细节问题。

一　对序言的讨论

　　序言的主要内容有四点:
　　第一,序言指出,进入二十世纪以来,我国历史上发生了四件大事,从四件大事出发得出必须坚持四项基本原则

的结论。这就是序言第三段到第七段的内容:

二十世纪,中国发生了翻天覆地的伟大历史变革。

一九一一年孙中山先生领导的辛亥革命,废除了封建帝制,创立了中华民国。但是,中国人民反对帝国主义和封建主义的历史任务还没有完成。

一九四九年,以毛泽东主席为领袖的中国共产党领导中国各族人民,在经历了长期的艰难曲折的武装斗争和其他形式的斗争以后,终于推翻了帝国主义、封建主义和官僚资本主义的统治,取得了新民主主义革命的伟大胜利,建立了中华人民共和国。从此,中国人民掌握了国家的权力,成为国家的主人。

中华人民共和国成立以后,我国社会逐步实现了由新民主主义到社会主义的过渡。生产资料私有制的社会主义改造已经完成,人剥削人的制度已经消灭,社会主义制度已经确立。工人阶级领导的、以工农联盟为基础的人民民主专政,实质上即无产阶级专政,得到巩固和发展。中国人民和中国人民解放军战胜了帝国主义、霸权主义的侵略、破坏和武装挑衅,维护了国家的独立和安全,增强了国防。经济建设取得了重大的成就,独立的、比较完整的社会主义工业体系已经基本形成,农业生产显著提高。教育、科学、文化等事业有了很大的发展,社会主义思想教育取得了明显的成效。广大人民的生活有了较大的改善。

中国新民主主义革命的胜利和社会主义事业的成就,都是中国共产党领导中国各族人民,在马克思列宁主义、毛泽东思想的指引下,坚持真理,修正错误,战胜许多艰难险阻而取得的。今后国家的根本任务是集中力量进行社会主义现代化建设。中国各族人民将继续在中国共产党领导下,在马克思列宁主义、毛泽东思想指引下,坚持人民民主专政,坚持社会主义道路,不断完善社会主义的各项制度,发展社会主义民主,健全社会主义法制,自力更生,艰苦奋斗,逐步实现工业、农业、国防和科学技术的现代化,把我国建设成为高度文明、高度民主的社会主义国家。

哪四件大事?(1)辛亥革命创立了中华民国,(2)新中国的成立,(3)在中国消灭了人剥削人的制度,(4)三十多年来社会主义革命和建设取得了重大成就。

在写这四件大事之前,序言还写了两段内容,即:

中国是世界上历史最悠久的国家之一。中国各族人民共同创造了光辉灿烂的文化,具有光荣的革命传统。

一八四〇年以后,封建的中国逐渐变成半殖民地、半封建的国家。中国人民为国家独立、民族解放和民主自由进行了前仆后继的英勇奋斗。

上面第二段的内容在一九五四年宪法中也有,并不是新内容,但第一段的内容是修改宪法中新增加的。因为在讨论中有人认为,一开始就写一八四〇年以后,那么中国的历史远不止这一段。作为世界上历史悠久、文化灿烂的文明古国之一,对它的全部历史也要有一个简要的叙述和评价。这一段虽然只有三句话,但写得很有气魄,对我国五千年的历史作了一个高度的概括。这是参考毛泽东同志的《中国革命和中国共产党》一文写的。

写序言第一段大家都认为是很必要的,但具体讨论的问题很多。如宪法草案中原来写"创造了光辉灿烂的民族文化",但什么是"民族文化"?含义不清楚,所以后来没有这样写。有人说"革命传统"四个字用得不恰当,在封建社会、奴隶社会,有什么传统?后来觉得还是有革命传统的。尽管广大奴隶阶级、农民阶级处于被剥削、被压迫的地位,但他们反对统治阶级的斗争,仍然具有革命的传统。所以就成了现在的写法。再如第二句话中"中国各族人民"原来没有"各族"两个字,是根据一部分人的建议新增加的。在整个序言中有七个地方提到"各族人民"。当然"中国人民"和"中国各族人民"是一致的,但写上"各族"一词更能体现我国是全国各族人民共同缔造的统一的多民族国家这一事实,各少数民族也感到比较亲切。在毛主席的文章和讲话中,有时也用"中华民族",大家认为"中华民族"不是单一的,而是由各个民族组成的,也是可以用的,但考虑到上述理由,故宪法中用了"中国各族人民"的提法。

第一件大事是孙中山先生领导的辛亥革命推翻了封建帝制,创立了中华民国。这当然是大家所公认的一件翻天覆地大事,因为它推翻了几千年的封建帝制,创立了民主共和国,使民主共和的思想深入人心。它的意义是深远的,所以大家认为应当写上。但其中也有一些比较重要的争论。如要不要写"创立了中华民国"?有人说一提"中华民国"就很容易想起蒋介石的"中华民国",想起蒋介石大肆屠杀中国共产党人的罪行,所以不主张写。另一种意见认为这是客观存在的历史事实,应当尊重历史事实。况且辛亥革命建立的中华民国与以后蒋介石的中华民国并不是一回事。所以应当写。经过讨论,采纳了后一种意见,可以看出,宪法始终贯彻了实事求是的精神,是什么就写什么,该怎么表达就怎么表达,这是宪法的一个重要特点。

紧接着"废除了封建帝制,创立了中华民国"后面,在宪法修改草案中原来还有两句话:"但是革命成果被反动势力篡夺。中国仍然没有摆脱半殖民地、半封建的状态。"当时所以这样写,是基于这样一个考虑:孙中山建立了中华民国,但后来革命的果实又被袁世凯等反动派篡夺了。可是宪法中又不能写一大篇历史,所以就用了这样两句话,既肯定孙中山建立的中华民国,又包含着这个中华民国以后又被袁世凯推翻的意思,也可以将蒋介石的中华民国与孙中山的中华民国区别开来。但在讨论中认为草案中的这两句话还不太完善,并没有说明实质问题。同时"状态"也是一个不确定的用语,不是法律语言。所以就改成现在的写法:"但是,中国人民反对帝国主义和封建主义的历史任务还没有完成。"这样就明确、恰当地概括了辛亥革命后中国的现实。

第二件大事是建立了中华人民共和国。从此人民掌握了国家权力,成为国家的主人,这当然是一次伟大的历史变革,应当载入宪法。在写这一段时,也有争论,如是不是要写毛主席的名字?有的赞成,有的不赞成。后来觉得还是应当写。尽管毛主席晚年犯了错误,但不能以此而否定他的功绩。应当尊重事实,尊重历史。况且在辛亥革命时写了孙中山,在新民主主义革命中就应当写毛主席,这二者是有联系的。从这里可以看出,我们完全是从历史唯物主义的观点出发写序言的。

这里还要说明一个问题。在宪法修改草案中,对第二件大事是这样描述的:"一九四九年,以毛泽东主席为领袖的中国共产党领导中国人民,经历了长期艰难曲折的武装斗争和其他形式的斗争……建立了中华人民共和国。"讨论中认为这样的写法在语法和逻辑上有问题。按原文理解,在一九四九年这一年当中,就经历了长期艰难曲折的武装斗争和其他形式的斗争,这显然是讲不通的。经过讨论,改为以下表述方式:"一九四九年,以毛泽东主席为领袖的中国共产党领导中国各族人民,在经历了长期的艰难曲折的武装斗争和其他形式的斗争以后,终于……建立了中华人民共和国。"即现在宪法的表述方式。这样写就比较通顺。类似这样的情况很多,在讨论中即使是较小的问题,也要花很大的工夫去讨论、修改。

第三件大事是在我国"人剥削人的制度已经消灭"。在全民讨论中有人提出,在这句话之前还应增写一句话,即"生产资料私有制的社会主义改造已经完成",因为没有这句话,就看不出剥削制度是怎样被消灭的。这是一个重要的历史过程,不能省略。这一意见后来被采纳,成了现在的写法。这就说明我国是通过和平改造消灭剥削制度的,说明中国社会主义改造取得了巨大胜利。

在写到历史部分时,还有一些别的意见。如有人要求历史要多写一点,如党的成立、五四运动、"文化大革命"都要写进去。这些意见没有被采纳。因为宪法是根本法,它的序言应尽量简明扼要,五四运动可在近代史里写,党的成立可在党史里写,"文化大革命"也可放在党史里写。但这次修改宪法对"文化大革命"也不是一点也没有写,而是寓于宪法内容当中,这个问题以后还要谈到。

第三章　修改宪法中对序言和条文的具体讨论

第四件大事是建国三十多年来我国社会主义革命和建设取得了重大成就。三十多年的时间并不长，但就在这短短的三十年当中，我们克服了种种困难和挫折，从不能制造一辆汽车、一架飞机、一辆坦克到建立比较完整的工业体系、发射了人造卫星和洲际导弹，这不能不说是一个伟大的成就。

在序言的这一段中，除了对宪法修改草案中"人民民主专政即无产阶级专政"的提法作了修改以外，还有以下几个变动：草案中原来写的是"中国人民解放军和中国人民一道战胜了帝国主义、霸权主义的武装挑衅和颠覆阴谋"，后来改为"中国人民和中国人民解放军战胜了帝国主义、霸权主义的侵略、破坏和武装挑衅"。这样写比较确切，并列主语的先后位置也安排得比较恰当。原来草案中还有一句："社会主义工业体系和国民经济体系已经基本形成"，而没有讲农业，讨论中认为这句话有些重复。因为国民经济体系就包括了工业和农业在内，既然已经写了"工业体系"就不必再写"国民经济体系"。后来宪法中就只保留了"社会主义工业体系已经基本形成"，并增写了"农业生产显著提高"，而没有再写"国民经济体系"。

以上讲的是进入二十世纪以来中国所发生的四件大事。序言第七段正是从这四件大事出发，引申出必须坚持四项基本原则的结论。这种写法顺理成章，一气呵成，非常自然，说明四项基本原则是历史经验的总结，是经我国实践证明的客观真理，而不是人们所臆想出来的，所以我们要理直气壮地坚持。

值得提出的是，一九八二年宪法的总结历史经验和一九五四年宪法的总结历史经验的角度又不完全相同。一九五四年宪法的序言既总结了旧民主主义革命的经验，也总结了新民主主义革命经验，它从我国的宪政运动发展史中得出了必须坚持社会主义和民主原则的结论。而一九八二年宪法则着重从四件大事揭示历史发展的规律，总结的角度不一样。但其实质内容是一样的。

在序言第七段当中原来有这样一句话："中国新民主主义革命的胜利和社会主义事业的成就，都是中国共产党领导中国人民，在马克思列宁主义的普遍真理和中国的具体实际相结合的毛泽东思想的指引下……取得的。"在全民讨论中认为，这样写太冗长了。宪法没有必要给毛泽东思想下定义，这不是宪法的任务，可以由党章去写。因此就修改为"在马克思列宁主义、毛泽东思想的指引下"。可见，在修改宪法中，需要下定义、明确概念的地方，就要下定义、说明概念，不需要下定义的地方就不要作规定。如对什么是公民，宪法为它规定了一个明确的概念是必要的，但对毛泽东思想就没有必要在宪法上给它下个定义。

在序言的这一段中还有两句话，就是"坚持真理，修正

第三章 修改宪法中对序言和条文的具体讨论

错误",这里的"错误"当然包含"文化大革命"在内,因为"文化大革命"是建国后最大的错误。在讨论过程中有人提出,"文化大革命"这样重大的事件在宪法中应当说明,它留给我们的教训太严重、太深刻了。有的人则提出:"文化大革命"的字样可以不在宪法中出现,但"文化大革命"的深刻教训一定要写。后来就按照这种意见写了。虽然没有正面提"文化大革命",但在第七段中写了中国所取得的各种成就,"都是中国共产党领导中国各族人民……坚持真理,修正错误,战胜许多艰难险阻而取得的。"这里就包含了"文化大革命"中我们党所犯的错误。同时也说明了我们党是一个光明磊落、襟怀坦白的政党,她敢于承认自己的错误,敢于自己起来纠正自己的错误,这正是她区别于其他政党的伟大之处。所以说"文化大革命"在宪法中并不是没有写,而是整个宪法都贯穿了"文化大革命"的经验教训,宪法正是在全面、系统地总结"文化大革命"的经验教训的基础上产生的。

以上是序言的第一个内容,即从四件大事总结出我们必须坚持四项基本原则。这个问题很重要。因为四项基本原则是我们修改宪法的总的指导思想,没有四项基本原则,就不能制定出一部适合中国国情的宪法。在修改宪法过程中,有好多种意见,也遇见许多问题,究竟写些什么,怎么写?要有一个标准来衡量。这个标准就是四项基本原则。有了这个标准,在修改宪法中许多问题就迎刃而解了。

第二,规定了新时期我国的总任务。序言第七段规定:"今后国家的根本任务是集中力量进行社会主义现代化建设。……逐步实现工业、农业、国防和科学技术的现代化,把我国建设成为高度文明、高度民主的社会主义国家。"这样,宪法就以根本大法的形式,确认了全国工作重心的战略转移。这个转移是来之不易的。我国本应在一九五六年社会主义改造基本完成以后就把工作重心转移到社会主义现代化建设上来,但由于"左"倾思想的影响,一直到一九七八年党的十一届三中全会后才实现这个转移。一九五四年宪法是比较好的,它规定了过渡时期的总路线,起了重要的作用。一九七五年宪法和一九七八年宪法却都规定了坚持党的基本路线,坚持无产阶级专政下的继续革命,坚持以阶级斗争为纲,这就根本谈不上社会主义现代化建设。

宪法在规定我国新时期的总任务时,有以下几个修改:

(1)将草案中"今后中国人民的根本任务是集中力量进行社会主义现代化建设"改为"今后国家的根本任务是集中力量进行社会主义现代化建设"。二者意义相同,但后者规定得更好些。因为宪法是国家的宪法,它所规定的

第三章 修改宪法中对序言和条文的具体讨论

总任务自然是国家的根本任务。说人民的任务不如用"国家"的任务更为恰当。

（2）在较早的一些修改草案稿中，没有写"自力更生，艰苦奋斗"，在讨论中觉得这个内容还是很重要，后来就写上了。这里讲的就是勤俭建国的意思。实践证明，这个传统我们还是离不了的，我们的国家还不富裕，宪法这样写，是经过反复讨论的。包括后面第十四条写的"国家厉行节约，反对浪费"也是中央讨论后增加的。我们一定要妥善处理好积累和消费的关系。现在有人说要讲高工资、高消费，如果我们了解了宪法的精神，就能采取正确的态度对待这个问题。我国是发展中国家，生产还比较落后，国民收入还不高，劳动生产率较低。即使到了20世纪末，工农业年总产值翻两番，人均国民收入也不很高，只是小康的水平，要接近西方发达国家的水平，还要再花几十年的时间。因此，现在要实行高工资、高消费，势必靠多发钞票增加工资和奖金，就会超过生产力发展水平，反而使人民的利益受到损害。

以上只是想说明这样一个问题：我们搞清宪法的精神实质，才能辨别出哪些是应当坚持的，哪些是不正确的，是违背宪法和法律的精神的。宪法是集思广益的结果，全国人民讨论宪法修改草案四个月，中共中央政治局和书记处讨论了八次，宪法修改委员会开了四次会，秘书处也讨论了将近两年,是经过反复琢磨、修改才产生的。因此它的原则、它的精神对我们判断是非有很大好处。现在有一种说法,似乎党的十二届三中全会关于经济体制改革的决定和宪法的个别条文不一致。这种说法是没有根据的,在修改宪法中就考虑到了我国的经济体制改革,宪法规定了改革的方针和原则,中共中央关于经济体制改革的决定和宪法的精神是完全一致的。后面我们将更详细地去分析它,宪法中所规定的"经济计划的综合平衡和市场调节的辅助作用"与中共中央关于经济体制改革的决定是一致的。

(3)序言中原来规定"逐步把我国建设成为具有现代化工业、现代化农业、现代化国防和现代化科学技术的,高度民主的,高度文明的社会主义国家"。后来为了使它和党的十二大文件相一致,又把它改为"逐步实现工业、农业、国防和科学技术的现代化,把我国建设成为高度文明、高度民主的社会主义国家"。这样规定也更加科学。

第三,规定了实现总任务的国内外有利条件。即序言第八到第十二段的内容。

> 在我国,剥削阶级作为阶级已经消灭,但是阶级斗争还将在一定范围内长期存在。中国人民对敌视和破坏我国社会主义制度的国内外的敌对势力和敌对分子,必须进行斗争。

> 台湾是中华人民共和国的神圣领土的一部分。完

成统一祖国的大业是包括台湾同胞在内的全中国人民的神圣职责。

社会主义的建设事业必须依靠工人、农民和知识分子,团结一切可以团结的力量。在长期的革命和建设过程中,已经结成由中国共产党领导的,有各民主党派和各人民团体参加的,包括全体社会主义劳动者、拥护社会主义的爱国者和拥护祖国统一的爱国者的广泛的爱国统一战线,这个统一战线将继续巩固和发展。中国人民政治协商会议是有广泛代表性的统一战线组织,过去发挥了重要的历史作用,今后在国家政治生活、社会生活和对外友好活动中,在进行社会主义现代化建设、维护国家的统一和团结的斗争中,将进一步发挥它的重要作用。

中华人民共和国是全国各族人民共同缔造的统一的多民族国家。平等、团结、互助的社会主义民族关系已经确立,并将继续加强。在维护民族团结的斗争中,要反对大民族主义,主要是大汉族主义,也要反对地方民族主义。国家尽一切努力,促进全国各民族的共同繁荣。

中国革命和建设的成就是同世界人民的支持分不开的。中国的前途是同世界的前途紧密地联系在一起的。中国坚持独立自主的对外政策,坚持互相尊重主权和领土完整、互不侵犯、互不干涉内政、平等互利、和平共处的五项原则,发展同各国的外交关系和经济、文化的交流;坚持反对帝国主义、霸权主义、殖民主义,加强同世界各国人民的团结,支持被压迫民族和发展中国家争取和维护民族独立、发展民族经济的正义斗争,为维护世界和平和促进人类进步事业而努力。

国内的有利条件主要是讲我国已经有了一个广泛的爱国的统一战线,这个统一战线将继续巩固和发展;平等、团结、互助的社会主义民族关系已经确立,并将继续加强。这些问题前面已经讲过,这里不再重述。

在讲到国内条件时,宪法还写了台湾问题,强调完成统一祖国的大业是包括台湾同胞在内的全中国人民的神圣职责。特别是对我国现阶段的阶级斗争状况作了客观的分析。过去几部宪法都没有专门写这一段,这次修改宪法时原来也没有这一段,后来有人提出要加上去。认为如果不写,就会给人造成一种误解,说我们只搞和平建设,而不存在阶级斗争问题。也有人反对写这一段,说一提起阶级斗争,就很容易想起"文化大革命"中的混乱现象。还有人主张详细分析一下阶级斗争状况,写得更具体些,要写上阶级斗争已不是主要矛盾,但在某个时候还会激化,等等。这些意见后来都没有被采纳,而是写成现在的样子,

第三章 修改宪法中对序言和条文的具体讨论

即"在我国,剥削阶级作为阶级已经消灭,但是阶级斗争还将在一定范围内长期存在。"虽然只有两句话,但写得比较明确、简练。剥削阶级没有了,但阶级斗争还存在,这样就把基本事实概括出来了。宪法序言在阐明阶级斗争后,紧接着还有一句话,即"中国人民对敌视和破坏我国社会主义制度的国内外的敌对势力和敌对分子,必须进行斗争。"这里讲的实质上就是专政对象问题。过去的宪法都是把地主、富农、反革命、官僚资产阶级列为专政对象,宪法在这里规定,仅限于敌对势力和敌对分子、包括反革命分子,范围就比较窄了。

国际的有利条件是发展国际统一战线,在宪法序言的第十二段中说明了我国的对外政策,积极贯彻这些政策,将有利于争取世界和平,有利于实现我国的社会主义现代化建设。

第四,规定宪法是根本法,具有最高法律效力,这是序言最后一段的内容。

> 本宪法以法律的形式确认了中国各族人民奋斗的成果,规定了国家的根本制度和根本任务,是国家的根本法,具有最高的法律效力。全国各族人民、一切国家机关和武装力量、各政党和各社会团体、各企业事业组织,都必须以宪法为根本的活动准则,并且负有维护宪法尊严、保证宪法实施的职责。

它还规定全国人民和各政党、各社会团体都要维护宪法尊严，保证宪法的实施。过去几部宪法都没有这样的规定，宪法作出这样的规定，具有十分重要的意义。

在讨论时有人认为这一段与宪法第五条重复，因此没有必要写。有的则认为写这一段是完全必要的，这一段和第五条规定的角度不完全相同。第五条除了说明宪法的尊严应当得到维护外，还规定了社会主义法制的统一。特别是我国过去不重视法制，在序言中写上这一段，是有的放矢，而且世界上许多国家都有这样的规定，因此应当写上这一段。

以上谈了序言的四点主要内容。顺便谈一下现在学术界对序言中的一些问题的争论。主要有两点：

第一，序言究竟有没有法律效力？一种意见认为，序言作为宪法的一个有机组成部分，有法律效力。如它规定宪法是根本法，具有最高的法律效力，全国各族人民都要以宪法为根本的活动准则，等等，怎能说它没有法律效力？其他内容如规定总任务、四项基本原则、对外政策等也有法律效力，尽管有些效力不是直接的，但也不能违反。另一种意见认为序言没有法律效力，它只是叙述性的东西，没有说违反了宪法序言怎么办，不是一种强制性的东西。而且世界上有的宪法有序言，有的则没有，有效力的只是正文部分。第三种意见认为，序言有的地方有法律效力，

第三章 修改宪法中对序言和条文的具体讨论

有的地方则没有。前者如序言最后一段,应当有法律效力。后者如序言第一段,写中国是世界上历史最悠久的国家之一,说它有法律效力,恐难成立。作者认为,从总体来说,作为宪法的一部分的序言应当具有法律效力,不能违反,不能把组成一部整体的宪法分割开来解释。

第二,宪法的原则问题,也有几种看法。一种意见认为四项基本原则就是宪法的原则,毛主席讲的社会主义原则、民主原则基本上与四项基本原则相同。另一种意见认为宪法的原则可分为两类:基本原则和非基本原则,毛主席讲的两个原则就是基本原则,四项原则也是基本原则。至于非基本原则,则有法制原则、民主集中制原则等。第三种意见认为四项基本原则只是宪法的指导思想,不是它的基本原则。作者认为第一种、第二种意见区别不大,基本原则和非基本原则都是宪法的原则。至于四项基本原则不是宪法的基本原则的观点,则值得商榷。毛主席在一九五四年就提出我国宪法的社会主义原则和民主原则,这一思想我认为今天对一九八二年宪法仍然是适用的。彭真同志在《关于中华人民共和国宪法修改草案的报告》中指出:"这次修改宪法是按照什么指导思想进行的呢?宪法修改草案的总的指导思想是四项基本原则",但是彭真同志并没有否认四项基本原则是我国宪法的原则。

二 对总纲的讨论

> 第一条 中华人民共和国是工人阶级领导的、以工农联盟为基础的人民民主专政的社会主义国家。
>
> 社会主义制度是中华人民共和国的根本制度。禁止任何组织或者个人破坏社会主义制度。

这一条共讨论了四个问题：

（一）这一条究竟如何写？有好多种意见，在全国共计提出了二十五种写法。有的主张写："工人阶级领导的、以工农联盟为基础的、团结知识分子和各民主党派的人民民主专政的社会主义国家"，有的主张写"工人阶级领导的，以工人、农民、知识分子联盟为基础的人民民主专政的社会主义国家"。考虑到这一条主要是讲国体，即国家的阶级本质，讲各阶级在国家中的地位，而不应当写进其他的非阶级本质的内容，故类似上述的意见都没有被采纳，而采用现在第一条的写法。

（二）有人要求在这一条中写进知识分子，以强调知识分子的重要性。这条意见没有被采纳，因为知识分子并不是工人、农民以外的一个阶级。彭真同志在宪法修改草案的报告中详细说明了这一点。

第三章 修改宪法中对序言和条文的具体讨论

（三）多数人主张把无产阶级专政改为人民民主专政。宪法修改委员会采纳了这一意见。

（四）在这一条增加了第二款，即"社会主义制度是中华人民共和国的根本制度。禁止任何组织或者个人破坏社会主义制度。"这样就和第一款联系起来，我们是社会主义国家，社会主义制度是我们的根本制度，是四项基本原则之一，破坏社会主义制度，是要受到法律制裁的。

第二条 中华人民共和国的一切权力属于人民。

人民行使国家权力的机关是全国人民代表大会和地方各级人民代表大会。

人民依照法律规定，通过各种途径和形式，管理国家事务，管理经济和文化事业，管理社会事务。

第三条 中华人民共和国的国家机构实行民主集中制的原则。

全国人民代表大会和地方各级人民代表大会都由民主选举产生，对人民负责，受人民监督。

国家行政机关、审判机关、检察机关都由人民代表大会产生，对它负责，受它监督。

中央和地方的国家机构职权的划分，遵循在中央的统一领导下，充分发挥地方的主动性、积极性的原则。

这里有六点需要说明：

（一）这两条主要是讲政体，即政权的组织形式。在前几部宪法中，这两条是合写的。现在宪法把它分为两条，主要是因为现在的内容比较多，又把民主集中制原则作了更加具体的规定。

（二）第二条的第三款是新增加的。因为在讨论中许多人提出宪法要强调发扬社会主义民主，加强社会主义法制。于是就有人建议是不是可以把一九七八年宪法第十七条"国家坚持社会主义的民主原则，保障人民参加管理国家、管理各项经济事业和文化事业，监督国家机关和工作人员"写入宪法。讨论中认为，一九七八年宪法的第十七条虽然比较原则，但其精神还是可取的。所以宪法在第二条增加了第三款："人民依照法律规定，通过各种途径和形式，管理国家事务，管理经济和文化事业，管理社会事务。"

增加第二条第三款有很重要的意义：第一，它说明我国的社会主义民主更加扩大，人民不但可以通过全国人大和地方各级人大行使国家权力，而且可以通过人民代表大会系统以外的形式，行使管理国家和社会事务的权利。第二，扩大了直接民主。各级人大代表的数目是有限的，不能所有人都来直接参加国家事务的管理，而第二条第三款的规定，就使广大人民群众有机会直接参加管理国家和社会事务。第三,发展了社会主义民主的形式,人民可以通过其他多种多样的形式管理国家,而不仅限于各级人大。

(三)第二条第三款中的"通过各种途径和形式"具体指的是什么？它包括的内容很广泛,宪法没有把它们一一列举,而是用了"各种"两个字来概括。原来不是这样写的,原来写的是通过工会、妇联、青年联合会等途径和形式,后来考虑这样列举并不能包括所有形式,除上面提到的工会、妇联外,还有学校、工厂等各种管理形式和途径,如职工代表大会等。所以后来采用了现在的写法。

(四)关于国家机构的活动原则,前几部宪法写的都是"一律实行民主集中制",这次修改为"实行民主集中制的原则"。主要是因为觉得用"一律"二字太绝对化,而行政机关实行的是首长负责制,虽然也是在集体讨论的基础上首长有最后决定权,也是民主集中制原则的体现,但又不同于国家权力机关实行的民主集中制形式,而是有自己的特点。宪法的写法则比较合适,说明"原则"上国家机关都实行民主集中制,但具体的形式还可以有所不同。

(五)关于民主集中制原则的内容,讨论中许多人提出要把它具体化,使全国人民对民主集中制原则有一个大致的了解,也便于国家机关更好地贯彻执行。前几部宪法都讲了要实行民主集中制,但什么是"民主集中制"宪法从来没有规定。也有人认为要把它具体化,不容易写好,还不如不写。经过讨论,并参考了我国一九四九年的共同纲领和外国宪法的写法,宪法在第三条第二、第三、第四款中,从三个方面把民主集中制原则具体化。第一个方面是说各级人大和人民之间的关系。各级人大都由民主选举产生,对人民负责,受人民监督(第二款)。第二个方面讲的是各级人大和其他同级国家机关之间的关系。各级国家行政机关、审判机关、检察机关都由同级人大选举产生,对它负责,受它监督(第三款)。就是说人民选举产生人大,人大选举产生其他国家机关,归根到底还是人民是国家的主人。第三个方面是讲中央和地方的关系。即中央和地方国家机构职权的划分,遵循在中央的统一领导下,充分发挥地方的主动性、积极性的原则(第四款)。显然,这一款也包括了上下级国家机关的关系在内。既然是中央统一领导,下级行政机关当然应当服从上级行政机关,地方行政机关服从中央人民政府。

  关于中央和地方的国家机构职权的划分,原来打算写得更具体一些,比如参照外国一些宪法,明确规定哪些权力由中央行使,哪些由地方行使,哪些由中央和地方共同行使。后来觉得具体划分很不容易,经验还不够,体制改革还在进行,写不很具体,如果硬要写,就会流于一般化。比如说写上国防、外交、铁路、邮电归中央管,卫生、教育、市政建设归地方管,写了也不解决具体问题。

（六）尽管宪法对中央和地方之间的关系规定得还不够具体，但它比前几部宪法关于民主集中制的规定有了很大的发展。宪法关于民主集中制原则的规定，有很重要的意义，它把民主集中制原则更加具体化，更加体现了一切权力属于人民，人民是国家主人的思想。

第四条　中华人民共和国各民族一律平等。国家保障各少数民族的合法的权利和利益，维护和发展各民族的平等、团结、互助关系。禁止对任何民族的歧视和压迫，禁止破坏民族团结和制造民族分裂的行为。

国家根据各少数民族的特点和需要，帮助各少数民族地区加速经济和文化的发展。

各少数民族聚居的地方实行区域自治，设立自治机关，行使自治权。各民族自治地方都是中华人民共和国不可分离的部分。

各民族都有使用和发展自己的语言文字的自由，都有保持或者改革自己的风俗习惯的自由。

这一条主要讲国家结构形式，有五点和以前的宪法有关条文不同：

（一）前几部宪法在规定国家结构形式时，都有"中华人民共和国是统一的多民族国家"这句话，这次修改宪法把这句话移到序言中去了。因为有些代表觉得那样写似乎只有关于民族问题才讲统一，只有少数民族才产生维护统一的问题，而汉族就可以不讲统一和团结。其实写这样一句话，一方面是说明我国是多民族国家，另一方面也是为了说明我国是单一制的国家，说明我国的国家结构形式。不过既然有的代表不同意，后来就把它移到序言里去了。少数民族代表提出在这句话前面加上"全国各族人民共同缔造的"等字样。这个意见很好，对少数民族更为亲切，体现了历史情况，说明我国是一个由多民族组成的大家庭，她的繁荣昌盛，各个民族都有一份贡献。所以这一意见被宪法修改委员会所采纳。

（二）有人对"反对大民族主义，主要是大汉族主义，也要反对地方民族主义"的写法提出不同意见。有的代表反对"主要是大汉族主义"的提法，有的代表则反对"也要反对地方民族主义"的提法。经过反复讨论，把两者都写上了。地方民族主义有，不能不防止，大汉族主义也存在，而且是主要的，应当引起我们的注意。所以把这二者都写入宪法。但后来觉得这个问题主要是思想教育问题，于是就把它写入序言，像一九五四年宪法那样，而不放在条文里面。特别是一九五七年，我们的教训很深，一提地方民族主义，就把它说成是敌我矛盾。所以在民族问题上，过去一段时间里我们搞混了许多界限。现在看来，这主要是一个思想认识问题，而不能轻易地当作敌我矛盾来处理。

第三章　修改宪法中对序言和条文的具体讨论

（三）鉴于过去一个时期"左"倾错误思想的影响，特别是"文化大革命"当中少数民族的合法权益受到严重损害这一深刻教训，宪法增写了"国家保障各少数民族的合法权利和利益"的内容，也写上了"禁止制造民族分裂的行为"的内容。这些规定比过去几部宪法的有关规定更加完善。

（四）第四条第二款"国家根据各少数民族的特点和需要，帮助各少数民族地区加速经济和文化的发展"是增写的。这些内容是根据我国实际情况而写的。有人不赞成写这一款，说它和宪法第一百二十二条的内容有些重复。后来认为虽然有些重复，但为了强调这些内容的重要，还是应当写上。

（五）第四条第三款增写了"设立自治机关，行使自治权"的内容，这也是根据过去不重视自治权，甚至损害自治权的情况而写的，是非常必要的。没有自治机关，就谈不上行使自治权。不重视自治权，就谈不上自治。宪法增加的这两句话，具有非常重要的意义。

此外对于这一款中的"各民族自治地方都是中华人民共和国不可分离的部分"有不同意见。有人认为没有必要写，或者不应当写在本条内。但是讨论后觉得这句话讲的是我国的国家结构形式，应当写，也应当写在本条内。

第五条　国家维护社会主义法制的统一和尊严。

> 一切法律、行政法规和地方性法规都不得同宪法相抵触。
>
> 一切国家机关和武装力量、各政党和各社会团体、各企业事业组织都必须遵守宪法和法律。一切违反宪法和法律的行为，必须予以追究。
>
> 任何组织或者个人都不得有超越宪法和法律的特权。

这一条讲的是社会主义法制问题，有三点需要加以说明：

（一）这一条是过去几部宪法所没有的。是根据全国人民的意见，并总结过去我们不重视法制的教训而写的。在宪法讨论过程中，全国各地有许多意见指出，一定要重视加强社会主义法制，防止像"文化大革命"当中类似事件的发生，防止野心家钻我国法制还不够健全的空子。根据这些意见，宪法增写了这一条。

（二）社会主义法制包括哪些内容？宪法写了五个方面：第一，维护社会主义法制的统一。第二，维护社会主义法制的尊严。第三，一切法律、行政法规和地方性法规都不得同宪法相抵触。原来写的是"一切法律、基本法律、行政法规、规章、地方性法规"等"不得与宪法和法律相抵触"，后来觉得这样写太啰嗦，于是就只写法律和法规。第四,一切机关和团体都必须守法,而没有写公民守法,因为这一内容已在后面第三十三、第五十三条中规定。写各政党和各社会团体必须守法,实际上主要是指执政党。执政党不以身作则遵守法律,法制就很难健全。宪法还规定"一切违反宪法和法律的行为,必须予以追究",这两句话是在全国人大通过宪法前一天的主席团会议上增加的。由此可见全国人大代表对法制的重视。第五,任何组织或者个人都不得有超越宪法和法律的特权。什么叫特权?"超越宪法和法律之上"的权利叫特权,这种特权必须反对和禁止,法律本身规定的权利就不能叫特权。有人说宪法第七十四条对全国人大代表的不受逮捕或者刑事审判,第七十五条中的全国人大代表在会议上的发言、表决不受法律追究的规定是一种特权,这是对特权的误解。这些条文只是为全国人大代表便于履行其职责,做好其工作而作出的规定。所以不能把法律规定和允许的一些职务上的需要都说成是特权。关于特权,还有一点要说明,宪法修改草案原来曾在三条中写了反对特权的内容,除第五条外,在法院部分、检察院部分中都写有这样内容的条文。后来只保留了第五条,目的是避免重复。

(三) 这一条中所用的"一切法律、行政法规和地方性法规"是严格按照宪法所规定的法的用语和体系写的。现在社会上有人写文章,还用"法令"一词,这在宪法中已经不用了。我们应该严格按照宪法的规定来使用这些用语。

第六条至第十八条讲的是我国的经济制度。它总结了建国以来我国的历史经验,特别是党的十一届三中全会以来所进行的经济体制改革的经验,确认了改革的原则和方针,并为它今后的发展指明了方向。它体现了我们党和国家在努力探讨建设具有中国特色的社会主义经济体制方面所取得的成果,是经济建设和经济立法的重要依据。

宪法所规定的我国经济制度的基本原则,可以概括为以下五个方面:

(一)从实际出发,确认以国营经济为主导,以公有制为基础的多种经济形式的法律地位和作用。

(二)建立多种形式的经济责任制,认真贯彻按劳分配的社会主义原则。

(三)正确处理积累与消费,国家、集体、个人三者之间的关系,明确社会主义社会发展生产的目的和途径,逐步改善人民的物质生活和文化生活。

(四)正确认识计划经济与商品经济、统一计划与市场调节的关系,在公有制的基础上,通过经济计划的综合平衡和市场调节的辅助作用,保障国民经济按比例地协调发展。

(五)正确处理民主与集中、政权与企业的关系,坚持国营企业和集体经济组织的自主权和实行民主管理。

第三章 修改宪法中对序言和条文的具体讨论

以上把宪法中规定的经济制度的基本原则概括为五个方面,现在的宪法教科书上一般提的都是发展国民经济的方针和政策。此外还可以加上另外一个原则:社会主义公共财产神圣不可侵犯,国家保护社会主义公共财产。

在经济制度中还有一个问题,即所有制的问题。在修改宪法时,对于究竟写几种所有制和经济形式,大家有不同的意见。有的主张写全民、集体、个体三种所有制,有的主张写四种,应加上中外合资经营。经过讨论,最后只写了两种所有制,四种经济形式。也可以概括为以国营经济为主导,以公有制为基础的多种经济形式。为什么只写两种所有制,而没有把个体经济和中外合资经营企业写进去?主要是因为这后两种经济虽然存在,但在整个国民经济体系中所占的比例不大,个体经济的最终发展方向仍然是公有制。而且合资经营也不能说是一种独立的所有制,所以宪法只写全民所有制和劳动群众集体所有制两种,这二者占有绝对优势。

那么宪法为什么要规定多种经济形式呢?这是由目前我国的生产力发展水平决定的。目前我国经济还很不发达,生产力的多层次,决定了经济形式的多样化。生产力决定经济关系,内容决定形式,这是不以人们的意志为转移的。经济体制改革的一个重要内容,就是调整并建立与生产力发展水平相适应的经济形式。而不是像过去那样只有一个模式,越大越公越好,统得很死。

宪法规定了多种经济形式,规定个体经济和中外合资经济是社会主义经济的必要补充。就是说,我们要充分利用国内国外两种资源,开拓国内国外两个市场,并学会组织国内建设和发展对外经济关系两套本领,实行国家、集体、个人一起上的方针。这和党的十二届三中全会的精神是完全一致的。可以看出,宪法具有强大的生命力,它为改革指明了方向。而《中共中央关于经济体制改革的决定》又丰富了宪法的内容。这二者是不矛盾的。当然党的十二届三中全会的决定对改革原则和方针有很大的发展,如宪法只说个体经济是社会主义公有制的补充,而决定说中外合资经济也是社会主义经济必要的有益的补充;宪法只规定了企业的自主权,而决定则进一步具体化;宪法只规定了政权和企业要分开,取消政社合一,而决定则进一步规定了在经济管理中政企各自的职责等。

第六条 中华人民共和国的社会主义经济制度的基础是生产资料的社会主义公有制,即全民所有制和劳动群众集体所有制。

社会主义公有制消灭人剥削人的制度,实行各尽所能,按劳分配的原则。

这一条讨论了三个问题:

(一)"中华人民共和国的社会主义经济制度的基础

第三章 修改宪法中对序言和条文的具体讨论

是生产资料的社会主义公有制",这句话中的"基础"二字含义是什么?有两层意思:第一,表示我国的经济制度是建立在公有制基础上的,以公有制为主体。第二,表示公有制在我国经济中占绝对优势。这两点,一个是从性质上讲,一个是从数量上讲。

(二)第六条一共有两款,在过去几部宪法里,是把它们作为两条写的,这次把它们合为一条。这样就把社会主义经济制度的主要特点即实行公有制、消灭剥削制度、按劳分配都写在一起,比较合理。

(三)"社会主义公有制消灭人剥削人的制度"是这次新增加的。考虑到这是社会主义经济制度的主要特点之一,是我国社会的实际情况,应当写上。同时,也可以澄清对阶级斗争的不正确认识。对这一条在文字上曾经花费了很长的时间进行探讨,力求表达得更为清楚完善些。

第七条 国营经济是社会主义全民所有制经济,是国民经济中的主导力量。国家保障国营经济的巩固和发展。

(一)过去几部宪法都规定"国营经济是国民经济中的领导力量",这次改为"主导力量"。虽然只改了一个字,却有很重要的意义。它说明国营经济对其他经济不是实行组织、行政的领导,不是一种隶属关系,而只是一种在经济上指引或指导的关系。这样改是必要的,以避免对国营经济作用的不正确理解。

（二）国家坚持以国营经济为主导的方针,保障国营经济的巩固和发展,但并不能以排斥和限制其他经济形式和经营方式的发展为条件。这是党的十二届三中全会的决定指出的,这样就更全面,更有针对性地说明了巩固和发展国营经济的方针。

第八条　农村人民公社、农业生产合作社和其他生产、供销、信用、消费等各种形式的合作经济,是社会主义劳动群众集体所有制经济。参加农村集体经济组织的劳动者,有权在法律规定的范围内经营自留地、自留山、家庭副业和饲养自留畜。

城镇中的手工业、工业、建筑业、运输业、商业、服务业等行业的各种形式的合作经济,都是社会主义劳动群众集体所有制经济。

国家保护城乡集体经济组织的合法的权利和利益,鼓励、指导和帮助集体经济的发展。

这一条讨论了四个问题：

（一）宪法中要不要保留农村人民公社？有人说人民公社是"大跃进"的产物,当时普遍建立人民公社就不恰当,现在没有必要保留。但大多数人认为,既然在客观上已经长期存在这种形式,有的地方也愿意继续用它,还可以保留这一形式。如果一下都把它砍掉,也没有必要。后

第三章　修改宪法中对序言和条文的具体讨论

来保留了这一形式。

（二）既然写上了农村人民公社，而它又不是唯一的形式，所以应当根据群众的意愿，建立农业生产合作社和其他各种形式的合作经济，以适应农村经济的发展。故宪法又增写了农业生产合作社和其他生产、供销、信用、消费等各种形式的合作经济。这和一九七五年、一九七八年宪法有很大不同。

（三）关于自留地问题，一九七五年、一九七八年宪法都规定：在保证人民公社集体经济占绝对优势的条件下，人民公社社员可以经营少量的自留地和家庭副业。一九八二年宪法取消了这些限制，对自留地的政策放宽了。现在自留地经济占百分之十到百分之十五，有的地方还有专门经营自留地的。宪法鼓励种自留地，种好了对国家也是一个贡献。过去把自留地视为资本主义的尾巴，几次三番地要割掉这个尾巴。由此可以看出，一九八二年宪法的指导思想和"左"倾思想有着明显的不同，宪法是建立在改革的基础上的。

自留地与农村合作经济是紧密联系的，所以宪法把它放在合作经济一条写。也有人主张把这一内容与个体经济放在一起写。

（四）本条第二款完全是新加的，目的是鼓励城镇各种集体经济的发展。党的十二届三中全会决定进一步指出,许多领域的生产建设事业都可以放手依靠集体来兴办,当前要注意为城市和乡镇集体经济的发展扫除障碍,创造条件,并给予法律保护。发展国家、集体、个体经济之间的灵活多样的合作经营和经济联合,有些小型全民所有制企业还可以租给或包给集体或劳动者个人经营。这些都是党的十二届三中全会对宪法关于集体经济的政策的进一步丰富和具体化。

第九条 矿藏、水流、森林、山岭、草原、荒地、滩涂等自然资源,都属于国家所有,即全民所有;由法律规定属于集体所有的森林和山岭、草原、荒地、滩涂除外。

国家保障自然资源的合理利用,保护珍贵的动物和植物。禁止任何组织或者个人用任何手段侵占或者破坏自然资源。

(一)过去几部宪法没有就国家的自然资源写专门条文,而且写得也不完备。这次宪法把自然资源的所有权及保障专门写了一条,并且比过去的宪法写得更加详细,这是为了表示国家对自然资源的重视,在讨论中许多代表都提出了这个问题,说明广大人民对利用和保护自然资源的关注。

第九条分为两款,一款讲所有权,一款讲保障。这两方面是有密切联系的。所有权不明确,就谈不上有效地保障。如草原的所有权,在原则上属于国家所有还是集体所有,这个问题必须明确才有利于保护草原。现在草原法把这个问题解决了。再如矿藏,有人提出,个人发现、开采的矿,所有权能否属于个人?讨论中认为,个人依法有开采权,但矿藏的所有权属于国家。像金矿、煤矿这样重要的自然资源如果归个人所有,是不适当的。还有人提出水流是不是可以归集体或个人所有?讨论后认为集体或个人可以利用这一资源,但所有权不能属于集体或个人。

(二) 本条的第二款是保障自然资源,保护珍贵的动物和植物。过去几部宪法中无此内容。把动植物也写入宪法,这是应广大代表要求所增加的一个新内容。如果再不加保护,稀有的树木和珍禽异兽要绝迹。

第十条 城市的土地属于国家所有。

农村和城市郊区的土地,除由法律规定属于国家所有的以外,属于集体所有;宅基地和自留地、自留山,也属于集体所有。

国家为了公共利益的需要,可以依照法律规定对土地实行征用。

任何组织或者个人不得侵占、买卖、出租或者以其他形式非法转让土地。

一切使用土地的组织和个人必须合理地利用土地。

（一）前面已经谈到，这一条是新增加的，目的是要明确我国的土地所有权。过去宪法对土地问题没有明确规定，对保护土地很不利。

（二）本条一个重要内容就是坚持土地公有制，任何组织或个人都不得侵占、买卖、出租或以其他形式非法转让土地。

（三）本条最后一款"必须合理地利用土地"，是在宪法通过的前两天，有人给全国人大主席团打电报，要求在宪法中增写这一内容。主席团采纳了这一建议。增写这一内容是很必要的，如不从长远对土地进行规划，合理利用土地，地源就会枯竭。从外国宪法看，其中也有规定关于合理利用土地的内容。

第十一条 在法律规定范围内的城乡劳动者个体经济，是社会主义公有制经济的补充。国家保护个体经济的合法的权利和利益。

国家通过行政管理，指导、帮助和监督个体经济。

（一）宪法专门用一条规定了个体经济的地位和作用，说明了城乡劳动者个体经济的重要性，这和一九七五年宪法、一九七八年宪法有很大的不同。

（二）本条说明了国家对个体经济的政策。国家保护个体经济的合法权利和利益，并通过行政管理，指导、帮助和监督个体经济。党的十二届三中全会决定进一步指出，当前，特别是在以劳务为主和适宜分散经营的经济活动中，个体经济应该大力发展，当前要注意为城乡个体经济的发展创造条件，并给予法律保护，这都是对宪法的丰富和具体化。

第十二条 社会主义的公共财产神圣不可侵犯。

国家保护社会主义的公共财产。禁止任何组织或者个人用任何手段侵占或者破坏国家的和集体的财产。

这一条没有大的争论，只是增加了"神圣"二字，这是为了更加强调社会主义公共财产的庄严不可侵犯性。

第十三条 国家保护公民的合法的收入、储蓄、房屋和其他合法财产的所有权。

国家依照法律规定保护公民的私有财产的继承权。

（一）一九七五年和一九七八年宪法都规定保护公民的生活资料所有权，这次宪法改为保护公民合法财产的所有权，意即包括公民购买的生产资料在内。合法财产，包括合法的收入、储蓄、房屋，既包括消费资料，也包括生产资料，如交通运输工具、拖拉机等。只要是法律允许公民个人所有,就受到保护。继承法对属于公民个人所有的、可以继承的财产列举的范围也很广,可见公民个人的合法财产权比一九七五年、一九七八年宪法规定的要广。

(二)这一条第二款是规定国家保护公民的私有财产的继承权。一九七五年、一九七八年宪法对此都没有规定。一九五四年宪法规定了继承权,不过是单独作为一条。考虑到继承权和私有财产的所有权是紧密联系的,一九八二年宪法把它们写在一条里。

第十四条　国家通过提高劳动者的积极性和技术水平,推广先进的科学技术,完善经济管理体制和企业经营管理制度,实行各种形式的社会主义责任制,改进劳动组织,以不断提高劳动生产率和经济效益,发展社会生产力。

国家厉行节约,反对浪费。

国家合理安排积累和消费,兼顾国家、集体和个人的利益,在发展生产的基础上,逐步改善人民的物质生活和文化生活。

(一)这一条要不要写?有人说这一条写的都是虚的东西,比较空泛,不如不写。但多数人主张这一条还是应当写。这一条写的是社会主义的生产目的及其实现途径。

(二)宪法明确规定"在发展生产的基础上,逐步改善人民的物质生活和文化生活",这就明确了社会主义生产的目的。贫穷并不是社会主义,在社会主义社会里,人民应当逐步富裕起来。过去我们对这点不够明确,只注意发展重工业,特别是钢铁工业,而忽视轻工业,忽视改善广大人民的物质生活和文化生活。所以这次宪法强调国家要"合理安排积累和消费,兼顾国家、集体和个人的利益",兼顾各个方面,而不能偏废。

(三)如何实现生产目的?宪法在该条第一款和第二款作了规定。第一款是参考外国宪法写的,第二款是党中央建议加上的。如何实现社会主义的生产目的?概括起来宪法写了以下几点:(1)提高劳动者的积极性和技术水平;(2)推广先进的科学技术;(3)完善经济管理体制和企业经营管理制度,实行各种形式的社会主义责任制,改进劳动组织;(4)厉行节约,反对浪费。总而言之,一方面讲提高劳动者的积极性和技术水平,一方面讲经济体制改革。归根到底是一个提高劳动生产率和经济效益的问题。所以,第十四条并不抽象,都是具体有所指的。这一条比较长,但缺少了哪一点也不行。

第十五条　国家在社会主义公有制基础上实行计划经济。国家通过经济计划的综合平衡和市场调节的辅助作用,保证国民经济按比例地协调发展。

禁止任何组织或者个人扰乱社会经济秩序,破坏国家经济计划。

（一）这一条讲的是计划经济与市场调节的关系问题。开头一句话原来是没有的，后来有人提出，社会主义公有制是社会主义经济的基础，也是它的基本特征。只有在公有制基础上才可能实行计划经济，然后才产生计划经济与市场调节的关系问题。如果不讲公有制，一开始就讲计划经济，有点突然，后来宪法就增写了一句："国家在社会主义公有制基础上实行计划经济。"

和一九七五年、一九七八年宪法相比，宪法这一条写得是比较好的。过去，在"左"倾思想影响下，只讲高速度，只讲主观能动性，不讲客观经济规律，不讲市场调节。宪法第十五条则不同，它突出了社会主义计划经济，但同时也重视市场调节的辅助作用。宪法虽然没有明确规定商品经济、价值规律，但写了市场调节，市场调节与价值规律、商品经济是分不开的，宪法第十五条实际上包含了在我国仍然存在商品经济的思想。

（二）党的十二届三中全会决定公布以后，有人认为全会决定未写市场调节的辅助作用，因而与宪法第十五条有矛盾。其实这二者的内容并不矛盾。因为三中全会决定指出，计划体制的基本点可概括为：第一，就总体上说，我国实行的是计划经济，即有计划的商品经济，而不是那种完全由市场调节的市场经济；第二，完全由市场调节的生产和交换，主要是部分农副产品、日用小商品和服务修理行业的劳务活动,它们在国民经济中起辅助的但不可缺少的作用;第三,实行计划经济不等于以指令性计划为主,指令性计划和指导性计划都是计划经济的具体形式;第四,指导性计划主要依靠运用经济杠杆的作用来实现,指令性计划则是必须执行的,但也必须运用价值规律。从前两点看,市场经济仍然只是起辅助作用,在总体上我国实行的仍然是计划经济,这与宪法并不矛盾,至于后两点,是新的提法,对宪法有具体发展,但二者并不矛盾。

第十六条　国营企业在服从国家的统一领导和全面完成国家计划的前提下,在法律规定的范围内,有经营管理的自主权。

国营企业依照法律规定,通过职工代表大会和其他形式,实行民主管理。

第十七条　集体经济组织在接受国家计划指导和遵守有关法律的前提下,有独立进行经济活动的自主权。

集体经济组织依照法律规定实行民主管理,由它的全体劳动者选举和罢免管理人员,决定经营管理的重大问题。

这两条讲的都是企业的自主权和民主管理,有两个问题需要说明:

(一)集体经济组织的自主权和民主管理权限比国营

企业要大些。国营企业的自主权,有三点限制,即服从国家的统一领导、全面完成国家计划、在法律规定的范围内。而集体经济组织的自主权只有两点限制,即接受国家计划指导,遵守有关法律。从内容上看,集体经济组织有独立进行经济活动的自主权,而国营企业只有经营管理的自主权。讨论中有些人不同意集体经济组织自主权大于国营企业自主权。他们没有考虑到,国营企业属于全民所有,而集体经济组织只属于一部分人所有,因此,集体经济组织的自主权当然要比国营企业的自主权大得多。

关于自主权,党的十二届三中全会通过的《中共中央关于经济体制改革的决定》把它进一步具体化了。在修改宪法时的情况是:第一,觉得自主权要写,第二,但经验不成熟,又写不具体。十二届三中全会决定写得就比较具体,指出经济体制改革的中心环节是增强企业活力,而要增强企业活力,扩大自主权是关键。"在服从国家计划和管理的前提下,企业有权选择灵活多样的经营方式,有权安排自己的产供销活动,有权拥有和支配自留资金,有权依照规定自行任免、聘用和选举本企业的工作人员,有权自行决定用工办法和工资奖励方式,有权在国家允许的范围内确定本企业产品的价格"等等。在决定的第六部分,规定了政企职责分开、简政放权的原则。所有这些,都使自主权更加具体化,是对宪法的丰富。

第三章　修改宪法中对序言和条文的具体讨论

党的十二届三中全会通过的《中共中央关于经济体制改革的决定》还向人们提出了一个值得认真思索的问题：国家到底怎样管理经济？过去把社会主义国家的职能概括为三个方面：(1)保卫国家不受外敌侵略,(2)镇压国内反动势力,(3)组织管理经济、文化、教育等。但是对于国家怎样组织管理经济,并没有具体的论述。现在《决定》指出了所有权和经营权是可以分开的,指出国家机关应当如何管理经济,这是对马克思主义国家学说的重大发展。过去我们把全民所有同国家机构直接经营企业混为一谈,以至于国家对企业管得太多太死,压抑了企业的生机和活力。《决定》针对这种状况,提出所有权和经营权可以适当分开。如果说,关于社会主义社会仍然存在商品经济的论断是对马克思主义经济学说的发展,那么,《决定》关于国家怎样管理经济的阐述,也是对马克思主义国家学说的重大发展。

(二)国营企业通过什么形式实行民主管理？在讨论中有人提出,只写通过职工代表大会实行民主管理,职工代表大会是一种最好的形式。但也有人提出,在学校、医院、研究所实行职工代表大会管理是否合适？还有人提出如果实行党委领导下的职工代表大会制,或者党委领导下的厂长负责制等,这也有一些问题,当党委、厂长或职工代表大会的意见不一致,究竟谁说了算？宪法修改委员会秘书处经过反复调查研究,在宪法修改草案中只写了"通过职工代表大会和其他形式",写得比较灵活,究竟"其他形式"是指哪些,取决于实践的发展。

第十八条 中华人民共和国允许外国的企业和其他经济组织或者个人依照中华人民共和国法律的规定在中国投资,同中国的企业或者其他经济组织进行各种形式的经济合作。

在中国境内的外国企业和其他外国经济组织以及中外合资经营的企业,都必须遵守中华人民共和国的法律。它们的合法的权利和利益受中华人民共和国法律的保护。

(一)要不要写上这一条?大多数人赞成写这一条,但也有极少数人反对在宪法上写这样的内容。后来考虑到对外开放是我国的一项长期国策,而不是权宜之计,在宪法上应当写上。我们利用外资建设社会主义,发展社会主义经济,平等互利,互通有无,这是一项正确的政策,与光彩不光彩没有什么关系。过去中外合资企业规定外资不能超过百分之四十九,中方一般多于百分之五十一,现在这个界限也打破了。都是为了有利于对外开放,有利于发展我国的经济。

(二)写什么内容?本条只写了两个原则:一是允许外国企业在中国投资,同中国的企业进行经济合作,或独资经营；二是外国企业和其他经济组织以及中外合资经营的企业，都必须遵守中华人民共和国的法律。也就是说，只要它们守法，我国就给以保护。

第十九条至第二十四条及其他有关条文的内容规定了社会主义的精神文明，这在世界各国宪法中是罕见的，具有中国的特色。资本主义国家的宪法也有一些类似的条文，但这种文明的本质不同，我国宪法对社会主义精神文明规定得非常全面和丰富。宪法根据中国共产党第十二次全国代表大会决议的精神，从思想和文化教育两个方面来规定社会主义精神文明。原来的宪法修改草案只有从第二十条到二十二条集中谈社会主义精神文明，后来经过讨论，将第二十条的发展教育、科学、文化等内容扩展为三条，把教育、科学、卫生、体育和文化事业分开写，大大扩展和完善了这些条文的内容，现在第二十四条的第一款也是讨论后增加的，说明宪法对社会主义精神文明的高度重视。

第十九条　国家发展社会主义的教育事业，提高全国人民的科学文化水平。

国家举办各种学校，普及初等义务教育，发展中等教育、职业教育和高等教育，并且发展学前教育。

国家发展各种教育设施，扫除文盲，对工人、农民、国家工作人员和其他劳动者进行政治、文化、科学、技术、业务的教育,鼓励自学成才。

国家鼓励集体经济组织、国家企业事业组织和其他社会力量依照法律规定举办各种教育事业。

国家推广全国通用的普通话。

这一条讨论了五个问题:

(一)如何规定对教育事业总的要求?本条第一款就是回答这一问题,"国家发展社会主义的教育事业,提高全国人民的科学文化水平",针对我国的教育事业还不够发达、人民的科学文化水平还不高,而提出这一要求。

(二)第二款回答通过举办各种学校和实行正规教育来发展教育事业。讨论中对普及什么样的义务教育,意见不一,有的说普及小学;有的说普及初中;有的说建国三十多年,只提普及小学教育,不甚光彩;有的建议城市普及初中,农村普及小学。后来确定,还是写普及初等义务教育较好,这是从我国的实际情况出发,实事求是,普及初等义务教育就是普及小学教育。这并不排除国家的经济发展以后,根据情况提高义务教育的水平。

(三)第三款规定了成人教育,即在职干部和工人的教育、业余教育都要发展,还要鼓励自学成才。有人说扫除文盲,写上宪法不好看。这是实事求是,有文盲就要努力发展教育设施去解决它,而不是回避问题。

第三章 修改宪法中对序言和条文的具体讨论

（四）发展教育事业采取多种形式和途径的办学方针。既要国家办教育，又要鼓励集体经济组织、国家企业事业组织和其他社会力量依照法律规定举办各种教育事业，以发挥群众办学的积极性，弥补国家财力之不足。当然，现在有人以办学为名，进行欺骗，要加以制止。

（五）规定推广全国通用的普通话，前面已经讲到，这既是非常必要非常迫切，又是和教育事业密切相联的，从小学、中学开始就应当普及普通话。

第二十条　国家发展自然科学和社会科学事业，普及科学和技术知识，奖励科学研究成果和技术发明创造。

（一）发展科学事业应当包括自然科学和社会科学，不能把社会科学排除在外。

（二）要奖励科学研究成果和技术发明创造，以示鼓励，过去我国在这方面做得不够。

第二十一条　国家发展医疗卫生事业，发展现代医药和我国传统医药，鼓励和支持农村集体经济组织、国家企业事业组织和街道组织举办各种医疗卫生设施，开展群众性的卫生活动，保护人民健康。

国家发展体育事业，开展群众性的体育活动，增强人民体质。

在这条中着重讨论两个问题：

（一）要发展现代医药和传统医药。传统医药指的是中医中药。在修改宪法中许多人指出，现在不重视中医中药的发展，长此下去，将后继无人，这对我国几千年来的中医中药的发展，非常不利，宪法应当加以规定，以示重视。

（二）开展群众性的卫生活动和体育活动，只有有了群众基础，卫生事业和体育事业才能得到发展。

第二十二条　国家发展为人民服务、为社会主义服务的文学艺术事业、新闻广播电视事业、出版发行事业、图书馆博物馆文化馆和其他文化事业，开展群众性的文化活动。

国家保护名胜古迹、珍贵文物和其他重要历史文化遗产。

这一条讨论了四个问题：

（一）如何规定社会主义的文艺方针？要不要规定这一方针？讨论后，许多人认为应当写，于是这一条规定了发展为人民服务、为社会主义服务的文化事业，这也是发展我国文化事业的方针。

（二）这次在条文中增写了发展新闻广播电视事业、出版发行事业、图书馆博物馆文化馆和其他文化事业，列举这些事业，主要考虑到这些事业的需要和现状。但又不能一一例举，因而没有列举更多的名称。

第三章 修改宪法中对序言和条文的具体讨论

（三）和卫生体育事业一样，这一条也强调要发展群众性的文化活动，只有发展群众性的文化活动，才能帮助国家发展文化事业，才能使广大群众有健康的正常的文化活动，有利于形成良好的社会风尚。

（四）针对我国的实际情况，参考别国的宪法，规定了保护名胜古迹、珍贵文物和其他重要历史文物，这也是广大群众的强烈要求。

第二十三条 国家培养为社会主义服务的各种专业人才，扩大知识分子的队伍，创造条件，充分发挥他们在社会主义现代化建设中的作用。

对这一条进行了长时间的讨论，反复的修改。许多意见认为要提高知识分子的地位，除了在序言中规定"社会主义的建设事业必须依靠工人、农民和知识分子"外，还要用专门条文再次强调知识分子的作用。经过再三讨论，这条主要写了培养各种专业人才、扩大知识分子队伍、充分发挥他们在社会主义建设中的作用等内容。

第二十四条 国家通过普及理想教育、道德教育、文化教育、纪律和法制教育，通过在城乡不同范围的群众中制定和执行各种守则、公约，加强社会主义精神文明的建设。

国家提倡爱祖国、爱人民、爱劳动、爱科学、爱社会主义的公德，在人民中进行爱国主义、集体主义和国际主义、共产主义的教育,进行辩证唯物主义和历史唯物主义的教育,反对资本主义的、封建主义的和其他的腐朽思想。

这一条集中讲思想教育,体现了我国的社会主义精神文明建设,表现了我国宪法的特色。这一条应当规定哪些内容?如何实现?通过什么方式和方法才能实现?都经过了反复的讨论和修改。

本条第一款是讲通过什么方式加强社会主义精神文明的建设。具体规定的办法是:(1)通过四个方面的教育,即理想教育、道德教育、文化教育、纪律和法制教育;(2)通过在城乡不同范围的群众中制定和执行各种守则、公约。宪法通过两年多了,现在看来,宪法的规定是非常正确的,今天和将来仍然需要在群众中进行这四个方面的教育,制定一些守则和公约,使我国公民成为有理想、有高尚的道德、有文化、遵守法制和纪律的公民。

本条第二款讲的是为了加强社会主义精神文明建设,要进行"五爱"、五个"主义"和三个"反对"的教育。"五爱"就是爱祖国、爱人民、爱劳动、爱科学、爱社会主义的公德,也是我国人民的社会主义道德。在这里,"五爱"既是社会主义公德,又是法定的行为准则。五个"主义"就是爱国主义、集体主义、国际主义、共产主义、辩证唯物主义和历史唯物主义。这五个"主义"的核心是共产主义,体现了我国的社会主义精神文明是以共产主义思想为核心,我国现阶段各项政策都是符合于建设社会主义的情况的,但是这并不妨碍我国在思想教育上还要以共产主义思想体系为指导,为实现共产主义理想而奋斗。现在社会上出现的某些不正之风说明进行共产主义理想教育、纪律教育是完全必要的。三个"反对"是指反对资本主义的、封建主义的和其他的腐朽思想。我国现在集中力量进行社会主义现代化建设,实行对内搞活经济和对外开放的政策,这是长期的基本国策,同时又必须注意反对各种腐朽思想腐蚀干部和职工,清除各种腐朽思想对社会主义现代化建设的危害,保护社会主义现代化建设的顺利进行。

第二十五条　国家推行计划生育,使人口的增长同经济和社会发展计划相适应。

本条讨论的主要内容,在第二章中已经说明,这里不再重复。

第二十六条　国家保护和改善生活环境和生态环境,防治污染和其他公害。

国家组织和鼓励植树造林,保护林木。

(一)将原宪法修改草案中的"国家保护生活环境……"改为"保护和改善生活环境……",不只是保护生活环境,还要更加积极地改善生活环境。

（二）将原宪法修改草案中的"生态平衡"改为"生态环境"，主要理由是：生态平衡只能保护，还要进一步改善生态环境，采取更加积极的措施。

（三）原宪法修改草案只有"国家组织和鼓励植树造林"，讨论后加上了"保护林木"，既要植树，又要保护林木。

第二十七条　一切国家机关实行精简的原则，实行工作责任制，实行工作人员的培训和考核制度，不断提高工作质量和工作效率，反对官僚主义。

一切国家机关和国家工作人员必须依靠人民的支持，经常保持同人民的密切联系，倾听人民的意见和建议，接受人民的监督，努力为人民服务。

关于国家机关和国家工作人员，在讨论中提出要写许多内容，后来觉得这样写太杂乱、无中心。于是突出写了国家机关和国家工作人员的群众路线、为人民服务的原则，而不写其他更多内容，这就是本条的第二款。第一款在原宪法修改草案中没有"实行精简的原则""实行工作人员的培训和考核制度"等内容，这是修改后增加的。

第二十八条　国家维护社会秩序，镇压叛国和其他反革命的活动，制裁危害社会治安、破坏社会主义经济和其他犯罪的活动，惩办和改造犯罪分子。

由于我国现在的情况和一九五四年宪法时已经大不相同,宪法清除了一九七五年和一九七八年宪法中的一些"左"倾错误的影响,只规定"国家维护社会秩序,镇压叛国和其他反革命的活动"。同时增写了"制裁危害社会治安、破坏社会主义经济和其他犯罪活动,惩办和改造犯罪分子",以适应新时期的新情况。

第二十九条 中华人民共和国的武装力量属于人民。它的任务是巩固国防,抵抗侵略,保卫祖国,保卫人民的和平劳动,参加国家建设事业,努力为人民服务。

国家加强武装力量的革命化、现代化、正规化的建设,增强国防力量。

由于设立了中华人民共和国中央军事委员会,所以本条没有写武装力量的领导者,而把它写入了第九十三条。本条还增加了第二款"国家加强武装力量的革命化、现代化、正规化的建设,增强国防力量"的内容。

第三十条 中华人民共和国的行政区域划分如下:

(一) 全国分为省、自治区、直辖市;

(二) 省、自治区分为自治州、县、自治县、市;

(三) 县、自治县分为乡、民族乡、镇。

直辖市和较大的市分为区、县。自治州分为县、自治县、市。

自治区、自治州、自治县都是民族自治地方。

第三十一条 国家在必要时得设立特别行政区。在特别行政区内实行的制度按照具体情况由全国人民代表大会以法律规定。

第三十条为原来几部宪法中已有的,第三十一条系全新的内容,宪法规定"国家在必要时得设立特别行政区。在特别行政区内实行的制度按照具体情况由全国人民代表大会以法律规定"。这主要是为了有利于我国的和平统一,包括解决台湾、香港、澳门问题。现在中英关于香港问题的协议已经由我国全国人民代表大会和英国议会通过,事实证明第三十一条是可行的、正确的。

第三十二条 中华人民共和国保护在中国境内的外国人的合法权利和利益,在中国境内的外国人必须遵守中华人民共和国的法律。

中华人民共和国对于因为政治原因要求避难的外国人,可以给予受庇护的权利。

本条写法与前几部宪法有所不同,不但把要求政治避难这条移到总纲,而且把外国人依法在中国居住,其合法权益受中国法律的保护,也写在本条中,这一条就更加完善,也符合我国实行对外开放的政策。

第三章　修改宪法中对序言和条文的具体讨论

三　对公民的基本权利和义务的讨论

第三十三条至第五十六条是宪法的第二章,规定了公民的基本权利和义务。这一章与过去几部宪法相比,规定了更为广泛的权利和自由,增写了一些新的内容,如公民的人格尊严不受侵犯,禁止非法拘禁和以其他方法非法剥夺或者限制公民的人身自由,禁止非法搜查公民的身体等;并增写了一条限制,即"公民在行使自由和权利的时候,不得损害国家的、社会的、集体的利益和其他公民的合法的自由和权利。"(第五十一条)前面已经论述了这一点。

第三十三条　凡具有中华人民共和国国籍的人都是中华人民共和国公民。

中华人民共和国公民在法律面前一律平等。

任何公民享有宪法和法律规定的权利,同时必须履行宪法和法律规定的义务。

(一)宪法对什么是公民作了明确的规定,即"凡具有中华人民共和国国籍的人都是中华人民共和国公民"。在过去几部宪法中都没有这样的规定,而且我们也不主张在宪法中下定义,写进一些概念性的东西。那么为什么这一次对公民的含义作了规定?这主要是因为在讨论中有人提出,自从一九五四年宪法以来,对什么是公民争论很多,现在仍然不是很清楚。在宪法中有好多种提法,如公民、人民、居民等,过去还有国民的提法,它们之间的关系是什么?这些问题应搞清楚。这一章讲的是公民的权利和义务,如果公民的含义都不清楚,怎么能谈得上行使权利和履行义务呢?所以在宪法中有必要对公民的概念作一个明确的规定。过去有些人认为地主、富农、反革命不属于公民范围,其实,不把他们算作公民算什么?算无国籍人?即使是反革命也不能随便打他们、杀他们,而要依法处理,他们还是公民。也有人认为公民的含义应该是"凡具有中华人民共和国国籍,依法享有权利和义务的人叫中华人民共和国公民"。经过讨论,后来认为加上后面一句"依法享有权利和义务"没有必要,因为这一内容是具有国籍的必然结果,宪法没有必要增加这一内容的规定。

（二）一九五四年宪法曾规定"公民在法律上一律平等",一九七五年、一九七八年宪法取消了这一内容。一九八二年宪法恢复了这一内容,并将"法律上一律平等"改为"法律面前一律平等"。这是为了使宪法条文明确易懂,避免争论。过去有人将"法律上"平等理解为包括立法上的平等,在学术界引起了争论。宪法作这样的修改,就更加明确了。法律是统治阶级意志的反映,在立法上不能讲平等。所谓法律"面前",是指法律已制定出来,在这个法律面前，所有人都是平等的。这就避免了一些争论。还有一些其他提法，如一九五四年的法院组织法规定在适用法律上一律平等，党的十一届三中全会的文件中提人民在自己的法律面前平等，基本意思都是一致的。

（三）在宪法修改草案中原来这么规定："公民的权利和义务不可分离。任何公民享有宪法和法律规定的权利，同时有遵守宪法和法律的义务。"后来作了两点修改：（1）把第一句话去掉了。这不是因为这句话错了，而是觉得它是一种论证性的语言，而不是法律语言。而且后面讲到公民有受教育和劳动权的时候，同时又规定它们是义务，已包括了不可分离的意思。（2）把"同时有遵守宪法和法律的义务"改为"同时必须履行宪法和法律规定的义务"。这样就与上一句"公民享有宪法和法律规定的权利"对称起来。按原来的写法理解，公民的义务只有一条，就是守法，上下行文也不太一致。

第三十四条 中华人民共和国年满十八周岁的公民，不分民族、种族、性别、职业、家庭出身、宗教信仰、教育程度、财产状况、居住期限，都有选举权和被选举权；但是依照法律被剥夺政治权利的人除外。

这一条是参考我国选举法写的，因为大家认为这种写法较好。明确写上公民不受民族、种族、性别、职业、家庭出身等限制，都平等享有选举权。在修改选举法时，各地有许多不同意见,他们提出,只写"中华人民共和国年满十八周岁的公民,依法享有选举权"就够了,不必再在中间写上"不分民族、种族……"那么长一段话。这个意见没有被采纳。从历史上看,无产阶级争取选举权的斗争已经几百年了,但问题并没有完全解决,至今在一些资本主义国家中对公民的选举权仍然规定有种族、财产、居住期限等限制。与他们的做法形成鲜明的对照,我国宪法在这一条中把不分民族、种族、性别……等内容详细列举出来,显示出我国公民享受选举权和被选举权的广泛性,这是具有重大意义的。

这一条虽是参考选举法写的,但也作了一点修改,即把"社会出身"改为"家庭成分",后来又改为"家庭出身",这样写比较恰当,也清楚易懂。

这一条对于行使选举权和被选举权只有一个限制,即"依照法律被剥夺政治权利的人除外",可以看出,宪法规定的选举权的范围比过去大多了。一九五四年宪法写的是在一定时期剥夺封建地主和官僚资本家的政治权利,一九七八年宪法规定国家依照法律剥夺没有改造好的地主、富农、反动资本家的政治权利,一九七五年宪法比一九七八年宪法还增加了剥夺"其他坏分子"政治权利的内容。这次修改宪法,以上的列举都被取消了,只写了一个限制。

一九八三年,有人提出,宪法只规定"依照法律被剥夺政治权利的人除外",但实际上我们对正在受侦查、起诉、审判的未决犯或虽已判刑但没有附加剥夺政治权利的已决犯,都停止了他们的选举权,这种做法与这次通过的宪法精神不相符。全国人大常委会很重视这一意见,立即进行了讨论。过去我们认为刑事犯判了刑,虽然没有附加剥夺政治权利,但由于他们在监禁或羁押中,应当停止其选举权利的行使,未决犯在羁押期间也是如此,停止他们行使选举权。经过讨论后,大家认为这样做与宪法精神是不一致的。后来全国人大常委会作了明确的规定,只有因反革命案或者其他严重刑事犯罪案被羁押,正在受侦查、起诉、审判的人,经人民检察院或者人民法院决定,在羁押期间才停止行使选举权。被判处有期徒刑、拘役、管制而没有附加剥夺政治权利的人可以行使选举权。由选举委员会和执行监禁、羁押的机关共同决定,可以在流动票箱投票,或者委托有选举权的亲属或者其他选民代为投票。

顺便指出,宪法颁布后,第五届全国人大第五次会议对一九七九年的选举法作了修改。把选举法第三十条"各党派、团体和选民,都可以用各种形式宣传代表候选人"修改为"选举委员会应当向选民介绍代表候选人的情况。推荐候选人的党派、团体或者选民可以在选民小组会议上介绍所推荐的代表候选人的情况"。这样改是为了避免误解。原来选举法的意思是为了使选民了解候选人的情况,而不是搞西方国家那样的竞选。

第三十五条 中华人民共和国公民有言论、出版、集会、结社、游行、示威的自由。

（一）一九八〇年九月十日第五届全国人大第三次会议通过决议，"为了充分发扬社会主义民主，健全社会主义法制，维护安定团结的政治局面，保障社会主义现代化建设的顺利进行"，取消了一九七八年宪法关于公民有运用"大鸣、大放、大辩论、大字报"的权利。修改宪法时大家一致认为这一决定是正确的，所以在这次通过的宪法中就没有再写"四大"的内容。

（二）宪法取消了关于罢工自由的规定。前面已经详细谈过这个问题。

（三）一九五四年宪法曾规定："国家供给必需的物质上的便利，以保证公民享受这些自由。"宪法没有再作这样的规定。这种规定物质保证的做法，并不完全妥当。因为在我国现有经济条件下，很难事事都有物质条件的保证，还需要发展经济，不断创造条件。宪法不作规定，比较实事求是。不作规定并不等于宪法忽视物质保证。我们再看一九一八年的苏俄宪法，它虽然有关于权利自由物质保证的规定，但也是从当时的实际出发，规定了有限的物质条件的保证。

第三十六条 中华人民共和国公民有宗教信仰

自由。

任何国家机关、社会团体和个人不得强制公民信仰宗教或者不信仰宗教,不得歧视信仰宗教的公民和不信仰宗教的公民。

国家保护正常的宗教活动。任何人不得利用宗教进行破坏社会秩序、损害公民身体健康、妨碍国家教育制度的活动。

宗教团体和宗教事务不受外国势力的支配。

这一条讲宗教信仰自由。总的修改情况前面已经讲了,具体的还有一些改动。草案中原来有"任何人不得利用宗教进行反革命活动"的内容,讨论中有人提出,任何人不仅不能利用宗教进行反革命活动,也不得利用其他任何手段进行这样的活动。在这里只强调宗教,是不适当的。后来这句话被改为:"任何人不得利用宗教进行破坏社会秩序……的活动"。

第三十七条 中华人民共和国公民的人身自由不受侵犯。

任何公民,非经人民检察院批准或者决定或者人民法院决定,并由公安机关执行,不受逮捕。

禁止非法拘禁和以其他方法非法剥夺或者限制公民的人身自由,禁止非法搜查公民的身体。

第三十八条 中华人民共和国公民的人格尊严

不受侵犯。禁止用任何方法对公民进行侮辱、诽谤和诬告陷害。

第三十九条 中华人民共和国公民的住宅不受侵犯。禁止非法搜查或者非法侵入公民的住宅。

第四十条 中华人民共和国公民的通信自由和通信秘密受法律的保护。除因国家安全或者追查刑事犯罪的需要,由公安机关或者检察机关依照法律规定的程序对通信进行检查外,任何组织或者个人不得以任何理由侵犯公民的通信自由和通信秘密。

第四十一条 中华人民共和国公民对于任何国家机关和国家工作人员,有提出批评和建议的权利;对于任何国家机关和国家工作人员的违法失职行为,有向有关国家机关提出申诉、控告或者检举的权利,但是不得捏造或者歪曲事实进行诬告陷害。

对于公民的申诉、控告或者检举,有关国家机关必须查清事实,负责处理。任何人不得压制和打击报复。

由于国家机关和国家工作人员侵犯公民权利而受到损失的人,有依照法律规定取得赔偿的权利。

这部分的内容大多是新加的,它是总结了"文化大革命"的严重教训而写出来的。没有"文化大革命",谁能想到我们国家中还会有非法拘禁、搜查、逮捕等行为的产生,谁会想到大批干部和群众会遭到残酷迫害。所以宪法上虽然没有明确写"文化大革命"的字样，但实际上包含了"文化大革命"的教训。

第三十七条中所谓非法拘禁、搜查，是指"文化大革命"中那种随意抓人、关押人、隔离审查和抄家等非法行为。

第三十八条中所谓侮辱、诽谤，是指"文化大革命"中那种乱批判人、斗争人、戴高帽子、挂牌子、游街、乱戴政治帽子、用大字报侮辱和诽谤人等非法行为。以上两条讲的主要是人身自由。政治权利和自由是公民的自由和权利的基础，没有政治上的自由和权利，就谈不上其他的自由；人身自由是其他自由和权利的起码条件，没有人身自由，政治自由和权利也无法行使。

第四十二条 中华人民共和国公民有劳动的权利和义务。

国家通过各种途径，创造劳动就业条件，加强劳动保护，改善劳动条件，并在发展生产的基础上，提高劳动报酬和福利待遇。

劳动是一切有劳动能力的公民的光荣职责。国营企业和城乡集体经济组织的劳动者都应当以国家主人翁的态度对待自己的劳动。国家提倡社会主义劳动竞赛，奖励劳动模范和先进工作者。国家提倡公民从事义务劳动。

国家对就业前的公民进行必要的劳动就业训练。

第四十三条　中华人民共和国劳动者有休息的权利。

国家发展劳动者休息和休养的设施,规定职工的工作时间和休假制度。

(一)这两条贯穿了一个实事求是的精神。以劳动权为例,我国现在还有待业人员,不能一下子解决就业问题。所以宪法把一九七八年宪法规定的"不劳动者不得食"去掉了,只规定:"国家通过各种途径,创造劳动就业条件","在发展生产的基础上,提高劳动报酬和福利待遇"。这是比较符合我国实际的。"通过各种途径",就是说,可以由国家、集体给你找出路,也可以自己谋出路,而不是全都由国家包下来。再如关于休息权的保障,有人提出是不是写得更具体一些。后来考虑还是应当从我国实际出发,而不能规定得太具体。我国现在经济还不发达,只能比较原则地规定职工的休假制度和工作时间,太具体了做不到。例如规定每周工作五天,目前还不太现实。规定疗养院,但实际上能享受的人数很少。所以宪法只写上"国家发展劳动者休息和休养的设施,规定职工的工作时间和休假制度"。

(二)规定劳动是权利和义务。这与前几部宪法都不同。因为劳动不光是权利,同时也是义务,所以宪法又规定:国营企业和城乡集体经济组织的劳动者都应当以国家主人翁的态度对待自己的劳动。国家提倡社会主义劳动竞赛,奖励劳动模范和先进工作者。国家提倡义务劳动。

第四十四条　国家依照法律规定实行企业事业组织的职工和国家机关工作人员的退休制度。退休人员的生活受到国家和社会的保障。

第四十五条　中华人民共和国公民在年老、疾病或者丧失劳动能力的情况下,有从国家和社会获得物质帮助的权利。国家发展为公民享受这些权利所需要的社会保险、社会救济和医疗卫生事业。

国家和社会保障残废军人的生活,抚恤烈士家属,优待军人家属。

国家和社会帮助安排盲、聋、哑和其他有残疾的公民的劳动、生活和教育。

这两条是新的规定。把退休制度写入宪法,外国宪法中也有。至于把国家帮助安排盲、聋、哑和其他有残疾的公民的劳动、生活和教育也写入宪法,是因为在讨论中有人提出,国际上对残疾人比较照顾,一九八一年是国际残疾人年,我们也应当把它写入宪法,以示重视。宪法修改草案中原为"国家帮助安排盲、聋、哑等残疾人的生活",讨论中有人指出,盲、聋、哑和残疾人不能画等号,所以后来又改为"盲、聋、哑和其他有残疾的公民"。

第四十六条 中华人民共和国公民有受教育的权利和义务。

国家培养青年、少年、儿童在品德、智力、体质等方面全面发展。

在讨论中有人提出,受教育不光是公民的权利,同时也是每个公民,特别是每个家长所应尽的义务。所以宪法在这一条规定:"中华人民共和国公民有受教育的权利和义务。"义务教育究竟免费不免费？宪法没有写。实际上,各地做法不一样。有的地方制定义务教育法,规定免费,有的不免费。

第二款原来想写教育方针,后来没有写,只写上"国家培养青年、少年、儿童在品德、智力、体质等方面全面发展"。实际上包含了教育方针的内容。

第四十七条 中华人民共和国公民有进行科学研究、文学艺术创作和其他文化活动的自由。国家对于从事教育、科学、技术、文学、艺术和其他文化事业的公民的有益于人民的创造性工作,给以鼓励和帮助。

这一条讲公民进行科研、文艺创作和其他文化活动的自由。宪法修改草案曾规定,国家对于从事这方面工作的

第三章 修改宪法中对序言和条文的具体讨论

"公民的有利于人民利益和人类进步事业的创造性工作,给以鼓励和帮助"。后来为了更加简明准确,改为对"有益于人民的创造性工作,给以鼓励和帮助"。就是说,并不是对于所有的文化活动都给予鼓励,而是指有益于人民的文艺作品。因为有的文艺作品很好,思想情调很健康,鼓励人民前进,应当受到鼓励;有的文艺作品散布消极低沉情调,鼓吹、宣扬庸俗不堪的东西,就应当给以批评。

第四十八条 中华人民共和国妇女在政治的、经济的、文化的、社会的和家庭的生活等各方面享有同男子平等的权利。

国家保护妇女的权利和利益,实行男女同工同酬,培养和选拔妇女干部。

第四十九条 婚姻、家庭、母亲和儿童受国家的保护。

夫妻双方有实行计划生育的义务。

父母有抚养教育未成年子女的义务,成年子女有赡养扶助父母的义务。

禁止破坏婚姻自由,禁止虐待老人、妇女和儿童。

这两条的内容,在原来几部宪法和修改草案中都是作为一条写的,由于在讨论中增写了许多内容,所以分为两条,增加的内容有三个方面:

(1)规定"国家保护妇女的权利和利益,实行男女同工同酬,培养和选拔妇女干部"。这些规定是有针对性的。现在社会上重男轻女思想仍没有消失,妇女干部所占的比例仍然很少。宪法增加这些规定,有利于从法律上保护男女平等。

(2) 针对目前社会上一些不赡养父母,甚至虐待老人的现象,为了维护社会公德,基于大多数人的要求,宪法修改草案写上了"子女有赡养父母的义务","禁止虐待老人、妇女和儿童"的内容。后来考虑到只写一方面的内容还不全面,于是又增写了"父母有抚养教育未成年子女的义务"的内容。不过在实际生活中,现在主要还是成年子女不赡养老人的现象多一些,父母不抚养子女的现象很少,倒是有的父母容易溺爱子女。所以宪法规定"教育"子女是父母的义务,应当引起做父母的重视。

(3) 增写了一句"夫妻双方都有实行计划生育的义务"。这是从公民的角度讲的,实行计划生育,主要靠公民自己,是公民的义务。总纲中讲"国家推行计划生育",是从国家的角度讲的。

第五十条　中华人民共和国保护华侨的正当的权利和利益,保护归侨和侨眷的合法的权利和利益。

增加了一个内容:"保护归侨和侨眷的合法的权利和利益。"过去在"左"的思想影响下,人们都怕有"海外关系",谁有"海外关系"谁就有受到追查的危险。现在有些人却专门打华侨的主意,敲人家的竹杠,这样对落实关于华侨的政策很不利。宪法明确规定保护归侨的合法权益,有着重要的意义。华侨回国后,不能说他们回来了,反正是中国人,不用管了,甚至想占归侨和侨眷的便宜,那样做影响很不好。所以宪法对此作了新的专门的规定。

第五十一条 中华人民共和国公民在行使自由和权利的时候,不得损害国家的、社会的、集体的利益和其他公民的合法的自由和权利。

这一条是新增加的,其意义前面已经谈过。只是在这个范围内,才可以行使权利和自由。在行使权利和自由的时候,必须联系这一条来考虑,否则就不可能正确理解和行使权利和自由。

第五十二条 中华人民共和国公民有维护国家统一和全国各民族团结的义务。

第五十三条 中华人民共和国公民必须遵守宪法和法律,保守国家秘密,爱护公共财产,遵守劳动纪律,遵守公共秩序,尊重社会公德。

第五十四条 中华人民共和国公民有维护祖国的安全、荣誉和利益的义务,不得有危害祖国的安全、荣誉和利益的行为。

第五十五条 保卫祖国、抵抗侵略是中华人民共和国每一个公民的神圣职责。

依照法律服兵役和参加民兵组织是中华人民共和国公民的光荣义务。

第五十六条 中华人民共和国公民有依照法律纳税的义务。

这几条讲公民的义务。其中第五十四条"公民有维护祖国的安全、荣誉和利益的义务,不得有危害祖国的安全、荣誉和利益的行为"是新增加的,是针对极少数人不顾人格、国格,甚至出卖民族利益而写的。第五十六条"公民有依照法律纳税的义务"是恢复一九五四年宪法的条文。

四 对国家机构各节的讨论

从第五十七条到第一百三十五条讲的是国家机构,在这一章中重点讨论了全国人大及其常委会、中华人民共和国主席、国务院,其次是民族自治地方和地方国家机关。

第五十七条 中华人民共和国全国人民代表大会是最高国家权力机关。它的常设机关是全国人民代表大会常务委员会。

这条主要讨论了两个问题:

(一)原先这一条的写法是:"中华人民共和国全国人

民代表大会和全国人民代表大会常务委员会是最高国家权力机关",后来觉得这样写把全国人大和全国人大常委会并列起来,在一个国家内有两个最高国家权力机关,从逻辑上讲不合适。因此把这句话改为"中华人民共和国全国人民代表大会是最高国家权力机关",而全国人大常委会只是全国人大的组成部分。这样写比较科学。

一九七五年宪法规定全国人民代表大会是在中国共产党领导下的最高国家权力机关,这种写法更不恰当。既然是最高的,又受别的领导,自相矛盾,这是把党的领导同国家机构的职能混为一谈。

(二) 这一条比过去几部宪法增加了一句话,即"它的常设机关是全国人民代表大会常务委员会",这里说明了全国人大常委会与全国人大的关系,同时也强调了全国人大常委会的作用。使全国人大常委会在国家机构这一章的第一条就和全国人大同时出现。

第五十八条 全国人民代表大会和全国人民代表大会常务委员会行使国家立法权。

(一) 一九五四年宪法规定:"全国人民代表大会是行使国家立法权的唯一机关",一九八二年宪法在这一条规定为:"全国人民代表大会和全国人民代表大会常务委员会行使国家立法权"。与一九五四年宪法相比,一九八二年宪法规定全国人大常委会也行使立法权,把"唯一"两字去掉了,去掉这二字的原因在第二章中已经说明。

一九八二年宪法颁布后,由于法学界对地方性法规、行政法规的性质有不同认识,因而产生一级立法、两级立法或者多级立法之争。赞成一级立法的认为依据宪法只有全国人大及其常委会有国家立法权。赞成二级立法的认为省、直辖市人大及其常委会也有立法权。赞成多级立法者认为国务院也有立法权。作者认为一级立法是比较符合宪法的精神的。

(二)宪法修改草案原来还有一款,即"全国人民代表大会和全国人民代表大会常务委员会通过的除了法律以外的决定、决议统称法令,法令具有法律同等的约束力。"讨论中有人提出,"法令"一词最早出现于一九五四年宪法,系从苏联翻译而来。"法令"一词的具体含义是什么,它与法律有什么区别,很长时期以来没有说清楚。既然宪法规定"法令具有和法律同等的约束力",何不把它也叫作法律。因此,宪法取消了"法令"一词。在宪法的全文中没有再用过"法令"一词。顺便指出,在一些有关宪法的教材或专著中,还有用"法令"一词的,这不符合宪法的规定。

第五十九条 全国人民代表大会由省、自治区、直辖市和军队选出的代表组成。各少数民族都应当有适当名额的代表。

全国人民代表大会代表的选举由全国人民代表

大会常务委员会主持。

全国人民代表大会代表名额和代表产生办法由法律规定。

（一）将一九五四年宪法中的"全国人民代表大会由省、自治区、直辖市、军队和华侨选出的代表组成"中的"华侨"二字去掉了，因为华侨不是一个选区，无法集中在一个地区选举。一九七五年和一九七八年宪法在规定全国人大代表的产生时也没有将"华侨"写进去。但是我国的选举法对华侨代表的产生作了专门的规定。

（二）增加了一句话，即"各少数民族都应当有适当名额的代表"。这是参考选举法的规定写的。根据选举法，人口特少的少数民族，至少也应有代表一人参加全国人大。这体现了民族平等的精神。我国有十亿人口，将近三千名代表，平均几十万人才有一名代表。而我国人口最少的少数民族只有几百人，达不到这个比例数。在选举法和宪法中给以特别照顾，是完全必要的。

（三）参考选举法的规定，在本条增写了第二款："全国人民代表大会代表的选举由全国人民代表大会常务委员会主持。"

第六十条　全国人民代表大会每届任期五年。

全国人民代表大会任期届满的两个月以前，全国人民代表大会常务委员会必须完成下届全国人民代表大会代表的选举。如果遇到不能进行选举的非常情况,由全国人民代表大会常务委员会以全体组成人员的三分之二以上的多数通过,可以推迟选举,延长本届全国人民代表大会的任期。在非常情况结束后一年内,必须完成下届全国人民代表大会代表的选举。

鉴于过去全国人大的会期不够稳定,尤其是在"文化大革命"中,长期不召开全国人民代表大会,严重违背宪法的规定,损害了我国的社会主义民主,宪法对全国人大的任期和会期作了严格的规定。这些规定基本上是恢复一九五四年宪法第二十四条的规定,但也增加了一些新内容:

(一)如果遇到不能进行选举的非常情况,可以推迟选举,延长本届全国人民代表大会的任期,但必须由全国人大常委会三分之二以上的多数通过。这是很严格的,表示不能随便推迟选举。

(二)在非常情况结束后一年内,必须完成下届全国人民代表大会代表的选举,不得推延。以防止无限期地延长全国人大代表的任期。

可以看出,宪法的规定是很严密的,堵塞了过去宪法的漏洞。现在全国人大会期比较稳定,并且越开越提前,从七月份、六月份提前到三月份,提到了第一季度,这有利于讨论和执行国民经济和社会发展计划、国家的预决算。

第六十一条　全国人民代表大会会议每年举行一次,由全国人民代表大会常务委员会召集。如果全国人民代表大会常务委员会认为必要,或者有五分之一以上的全国人民代表大会代表提议,可以临时召集全国人民代表大会会议。

全国人民代表大会举行会议的时候,选举主席团主持会议。

本条规定全国人大开会的程序,恢复了一九五四年宪法的内容。一九五四年宪法写为两条,这次宪法将它们合并为一条。

一九七五年和一九七八年宪法都无此内容。

第六十二条　全国人民代表大会行使下列职权:

(一) 修改宪法;

(二) 监督宪法的实施;

(三) 制定和修改刑事、民事、国家机构的和其他的基本法律;

(四) 选举中华人民共和国主席、副主席;

(五) 根据中华人民共和国主席的提名,决定国务院总理的人选;根据国务院总理的提名,决定国务院副总理、国务委员、各部部长、各委员会主任、审计长、秘书长的人选;

(六)选举中央军事委员会主席;根据中央军事委员会主席的提名,决定中央军事委员会其他组成人员的人选;

(七)选举最高人民法院院长;

(八)选举最高人民检察院检察长;

(九)审查和批准国民经济和社会发展计划和计划执行情况的报告;

(十)审查和批准国家的预算和预算执行情况的报告;

(十一)改变或者撤销全国人民代表大会常务委员会不适当的决定;

(十二)批准省、自治区和直辖市的建置;

(十三)决定特别行政区的设立及其制度;

(十四)决定战争和和平的问题;

(十五)应当由最高国家权力机关行使的其他职权。

全国人大的职权有以下七点需要说明:

(一)规定全国人大制定和修改刑事、民事、国家机构的和其他的基本法律,把制定和修改除此以外的非基本法律的权限放到全国人大常委会的职权当中,这主要是从我国实际出发,以加速立法。因为全国人大代表多,每年开会一次,每次时间又不长,如果全部的立法任务都由它负担,它也难以胜任。因此宪法规定它只制定一些基本的法律,其他的法律则由全国人大常委会制定。在讨论中有人提出,在"刑事的、民事的"后面还应加上"经济的"几个字。这个意见没被采纳。主要是觉得什么是经济法,它与民法的界限是什么,争论很大,现在还没有一个比较一致的看法。所以最后没有把"经济的"内容写入这一条,而只规定"其他的基本法律",这样就比较灵活。其他的基本法律可以包括选举法、民族区域自治法、中外合资经营企业法、婚姻法、继承法,等等。

(二) 增写了由全国人大选举中央军事委员会主席,决定中央军事委员会其他组成人员、国务委员、审计长的人选的职权。上述人员都是宪法所增设的。

(三) 将国民经济计划改为国民经济和社会发展计划,这样包括的内容更加全面,也符合我国的实际情况。现在世界上许多国家的宪法都采用这种提法。

(四) 鉴于全国人大常委会的权力扩大了,宪法增写了全国人大的一项职权:"改变或者撤销全国人民代表大会常务委员会不适当的决定",以保证全国人大的最高权力地位。全国人大常委会的权力虽大,但它不能超越全国人大之上。

(五) 把一九七八年宪法规定的批准省、自治区和直辖市的"划分"改为"建置",而把"划分"的职权归到国务院里面。就是说,增加一个省或取消一个省(或自治区、直辖市)的建置,要由全国人大决定,至于如何划分省、自治区、直辖市的行政区划,划大还是划小,划进来一部分还是划出去一部分,则由国务院决定。

(六)根据我国的具体情况和需要,增写了全国人大有"决定特别行政区的设立及其制度"的权力。现在有的人认为我们的宪法这一规定同坚持四项基本原则有矛盾,其实这个问题也容易解释。在内地实行社会主义,在香港一九九七年七月一日以后,还实行资本主义,香港现行社会、经济制度和生活方式五十年不变,四项基本原则不适用于香港,这正是为了体现"一国两制"的构想,宪法才规定设立特别行政区,实行一种与内地不同的制度。这是在一般情况下容许个别特殊地区有例外,这在立法上也是常有的。

(七)将一九七八年宪法规定的"全国人民代表大会认为应当由它行使的其他职权"改为"应当由最高国家权力机关行使的其他职权",这样写更加规范化。这是从严格的法制观点出发的。全国人大虽然拥有最高国家权力,是修改宪法、制定和修改法律的机关,但宪法和法律一经制定出来,在未被修改以前,全国人大自己也应当遵守,而不能想怎么做就怎么做,宪法改写了这一款是完全必要的。

第三章　修改宪法中对序言和条文的具体讨论

第六十三条　全国人民代表大会有权罢免下列人员：

（一）中华人民共和国主席、副主席；

（二）国务院总理、副总理、国务委员、各部部长、各委员会主任、审计长、秘书长；

（三）中央军事委员会主席和中央军事委员会其他组成人员；

（四）最高人民法院院长；

（五）最高人民检察院检察长。

增写了对中央军委主席及中央军委其他组成人员、国务委员、审计长的罢免权。

第六十四条　宪法的修改，由全国人民代表大会常务委员会或者五分之一以上的全国人民代表大会代表提议，并由全国人民代表大会以全体代表的三分之二以上的多数通过。

法律和其他议案由全国人民代表大会以全体代表的过半数通过。

关于宪法的修改程序。一九七五年和一九七八年宪法都没有关于宪法修改程序的规定。一九八二年宪法恢复了一九五四年宪法的内容，规定宪法的修改由全国人民代表大会以全体代表的三分之二以上的多数通过，并增加了一项新的规定：宪法的修改要"由全国人民代表大会常务委员会或者五分之一以上的全国人民代表大会代表提议"，这使宪法的修改程序更为严格，以保证宪法的稳定性和严肃性。以前对于修改宪法的提议权没有明确规定，如取消"大鸣、大放、大字报、大辩论"，修改一九七八年宪法，在实践上都是由党中央向全国人大或其常委会建议的。

第六十五条　全国人民代表大会常务委员会由下列人员组成：

委员长，

副委员长若干人，

秘书长，

委员若干人。

全国人民代表大会常务委员会组成人员中，应当有适当名额的少数民族代表。

全国人民代表大会选举并有权罢免全国人民代表大会常务委员会的组成人员。

全国人民代表大会常务委员会的组成人员不得担任国家行政机关、审判机关和检察机关的职务。

本条增写了两点内容：

（一）为了照顾少数民族的利益，宪法规定在全国人大常委会的组成人员中，应当有适当名额的少数民族代表。

（二）规定"全国人民代表大会常务委员会的组成人

员不得担任国家行政机关、审判机关和检察机关的职务"。这是为了使全国人大常委会委员专职化,加强对其他国家机关的监督。如果允许兼任国家行政机关、审判机关和检察机关的职务,则既削弱了全国人大常委会的力量,又造成了全国人大常委会委员自己监督自己的情况,在理论上说不通,在实践上也不利于有效地发挥全国人大常委会的作用。

但宪法没有规定全国人大常委会委员不得兼任军事机关的职务。这主要是考虑到全国人大常委会里面应当有军队的人员参加,以保证其代表性。如果不允许兼职,则军队代表担任全国人大常委会委员后,就必须辞去军队的职务,这实际上等于军队在全国人大常委会中仍无代表,不利于国家对军队的领导。因而宪法没有作这样的规定。

第六十六条 全国人民代表大会常务委员会每届任期同全国人民代表大会每届任期相同,它行使职权到下届全国人民代表大会选出新的常务委员会为止。

委员长、副委员长连续任职不得超过两届。

(一) 本条第一款是恢复一九五四年宪法的规定。一九七五年和一九七八年宪法曾取消了这一规定。

(二) 宪法增写了第二款:"委员长、副委员长连续任职不得超过两届"，这是根据全国人民的要求，为废除事实上存在的职务终身制而写的。这次修改宪法，对最高国家领导人都规定连续任职不得超过两届，即十年。如国家主席、副主席、国务院总理、副总理、国务委员、最高人民法院院长、最高人民检察院检察长等。在讨论中有人提出国务院的部长、委员会主任也应当规定连续任职不得超过几届，这一意见后来没有被采纳，因为部长经常变动，规定了也没有实际意义。在关于连续任职不得超过多少届的问题上，也有分歧，大多数主张可连任两届，但也有的主张总理可以连任三届，以积累经验，保持政策的连续性。但这种意见没有被采纳，因为要积累经验，十年也就足够了。至于说政策的连续性，连任两届也是可以保持的，不一定需要三届。也有一些人不同意限制任期，而主张视人的能力而定。这只是极少数人的意见，这些意见后来没有被采纳。

在宪法修改草案中，这一款原来写的是："委员长连选连任，但是连续任职不得超过两届"，讨论中有人提出，这句话用词不太清楚，可理解为连续任期不超过十年，也可理解为不超过十五年。所以后来就改为现在的写法。

第六十七条　全国人民代表大会常务委员会行使下列职权：

（一）解释宪法，监督宪法的实施；

（二）制定和修改除应当由全国人民代表大会制定的法律以外的其他法律；

（三）在全国人民代表大会闭会期间，对全国人民代表大会制定的法律进行部分补充和修改，但是不得同该法律的基本原则相抵触；

（四）解释法律；

（五）在全国人民代表大会闭会期间，审查和批准国民经济和社会发展计划、国家预算在执行过程中所必须作的部分调整方案；

（六）监督国务院、中央军事委员会、最高人民法院和最高人民检察院的工作；

（七）撤销国务院制定的同宪法、法律相抵触的行政法规、决定和命令；

（八）撤销省、自治区、直辖市国家权力机关制定的同宪法、法律和行政法规相抵触的地方性法规和决议；

（九）在全国人民代表大会闭会期间，根据国务院总理的提名，决定部长、委员会主任、审计长、秘书长的人选；

（十）在全国人民代表大会闭会期间，根据中央军事委员会主席的提名，决定中央军事委员会其他组成人员的人选；

（十一）根据最高人民法院院长的提请，任免最高人民法院副院长、审判员、审判委员会委员和军事法院院长；

（十二）根据最高人民检察院检察长的提请，任免最高人民检察院副检察长、检察员、检察委员会委员和军事检察院检察长，并且批准省、自治区、直辖市的人民检察院检察长的任免；

（十三）决定驻外全权代表的任免；

（十四）决定同外国缔结的条约和重要协定的批准和废除；

（十五）规定军人和外交人员的衔级制度和其他专门衔级制度；

（十六）规定和决定授予国家的勋章和荣誉称号；

（十七）决定特赦；

（十八）在全国人民代表大会闭会期间，如果遇到国家遭受武装侵犯或者必须履行国际间共同防止侵略的条约的情况，决定战争状态的宣布；

（十九）决定全国总动员或者局部动员；

（二十）决定全国或者个别省、自治区、直辖市的戒严；

（二十一）全国人民代表大会授予的其他职权。

关于全国人大常委会的职权，和过去几部宪法相比，有以下几点新内容：

（一）一九五四年和一九七八年宪法都把监督宪法的实施列为全国人大的职权，一九七五年宪法对此未作任何规定，这次宪法则既把它规定为全国人大的职权，又规定为全国人大常委会的职权。这主要是为了加强对宪法实施的监督和保障。因为全国人大常委会是全国人大的常设机关，它每两个月举行一次会议，每次会期也不固定多长，它的组成人员比较专职化，由它来行使监督宪法实施的权力，比全国人大更为便利，更具有经常性。

（二）宪法修改草案对全国人大常委会的立法权是这样规定的："制定和修改除应当由全国人民代表大会制定的法律以外的其他法律"，"在全国人民代表大会闭会期间，对全国人民代表大会制定的法律进行部分补充和修改"，这是为了加速立法而新规定的重要内容。在讨论中有人提出，全国人大常委会对全国人大制定的法律可以进行部分补充和修改，会不会产生任意修改法律的问题，如果那样的话，全国人大常委会的权力就太大了。于是宪法又增写了一句："但是不得同该法律的基本原则相抵触。"就是说，全国人大常委会部分补充和修改法律的权限是有限制的，不能将法律修改得和原来的精神和原则不相符合。

（三）宪法规定，全国人大常委会有权"在全国人民代表大会闭会期间,审查和批准国民经济和社会发展计划、国家预算在执行过程中所必须作的部分调整方案",这是根据我国的实际情况而写的。因为我国经济发展较快,有些事情一时难以考虑周全,预算制定出来了,但在执行过程中又出现了新情况,这就需要及时调整。因而宪法作了这样的规定。其实,在实际工作中,全国人大常委会已经这样做了,宪法只不过在已有经验的基础上把它规定下来。在过去几部宪法中无此内容。

(四)过去宪法规定全国人大常委会有权撤销省、自治区、直辖市国家权力机关制定的不适当的决议,现在宪法修改为,撤销它们制定的"同宪法、法律和行政法规相抵触的地方性法规和决议"。这样既和省、直辖市的人大和它们的常委会有权制定地方性法规相适应,内容上也更为完善。

(五)本条规定在全国人大闭会期间,全国人大常委会有权根据国务院总理的提名,决定部长、委员会主任、审计长、秘书长的人选,有权根据中央军事委员会主席的提名,决定中央军事委员会其他组成人员的人选。它的关于国家工作人员的任免权明显地扩大了。过去几部宪法无此内容。一九五四年、一九七八年宪法只是规定全国人大闭会期间,全国人大常委会有权决定国务院组成人员的"个别任免"。

（六）与一九五四年宪法相比，这次宪法增写了全国人大常委会有权根据最高人民法院院长的提请，任免军事法院院长，根据最高人民检察院检察长的提请，任免军事检察院检察长的内容。

（七）将一九五四年宪法、一九七八年宪法规定的全国人大常委会有权决定批准和废除同外国缔结的条约，修改为"决定同外国缔结的条约和重要协定的批准和废除"，就是说，条约的批准和废除，必须经全国人大常委会决定，至于同外国缔结的协定，则是重要的协定由全国人大常委会批准，次要的由国务院自己决定。这可以减轻全国人大常委会过重的负担。现在我国同外国签订的协定很多，什么是重要的，什么是不重要的，还没有规定一个明确的界限，需要在实践中总结经验。

（八）将一九五四年宪法规定的全国人大常委会有权决定全国或者部分地区的戒严，改为决定全国或者个别省、自治区、直辖市的戒严。把省级范围内的部分地区的戒严决定权交由国务院行使。

第六十八条　全国人民代表大会常务委员会委员长主持全国人民代表大会常务委员会的工作，召集全国人民代表大会常务委员会会议。副委员长、秘书长协助委员长工作。

委员长、副委员长、秘书长组成委员长会议，处理全国人民代表大会常务委员会的重要日常工作。

主要是增加了第二款的内容:委员长会议处理全国人民代表大会常务委员会的重要日常工作。根据全国人民代表大会组织法的规定,委员长会议处理的重要日常工作是:(一)决定常务委员会每次会议的会期,拟定会议议程草案;(二)对向常务委员会提出的议案和质询案,决定交由有关的专门委员会审议或者提请常务委员会全体会议审议;(三)指导和协调各专门委员会的日常工作;(四)处理常务委员会其他重要日常工作。宪法的这一新规定,也是为了加强全国人大常委会的工作,因为全国人大常委会会议一般两个月举行一次,不可能经常处理重要日常工作,委员长会议则可以开得更经常些,研究和处理这些工作,更好地发挥全国人民代表大会常务委员会的作用。而委员长会议又不超越全国人民代表大会常务委员会的职权,所以它是为更好地发挥全国人民代表大会常务委员会作用所创造的一种有效组织形式。

第六十九条 全国人民代表大会常务委员会对全国人民代表大会负责并报告工作。

这一条的内容与一九五四年宪法的规定相同。

第七十条 全国人民代表大会设立民族委员会、法律委员会、财政经济委员会、教育科学文化卫生委员会、外事委员会、华侨委员会和其他需要设立的专门委员会。在全国人民代表大会闭会期间,各专门委员会受全国人民代表大会常务委员会的领导。

各专门委员会在全国人民代表大会和全国人民代表大会常务委员会领导下,研究、审议和拟订有关议案。

(一)讨论中有人提出,应当增设全国人民代表大会的专门委员会,以加强全国人民代表大会和它的常务委员会的作用。专门委员会是全国人民代表大会的工作机构,没有这些机构,全国人民代表大会将没有进行各项具体工作的机构。早在一九五六年时,就提出在全国人民代表大会增设几个专门委员会,后来没有实现。现在应当重视这个问题,增设一些专门委员会。当然,专门委员会也不能设得太多,因为现在还没有经验,但也不能设得太少。

专门委员会的设置,应当大体和国务院的部门对口,现在宪法规定设立六个专门委员会,经过实践取得经验后,根据需要还可以增加,因为宪法规定了"和其他需要设立的专门委员会"。经调查,国务院各部委对设立对口的全国人民代表大会专门委员会都是很支持的,认为非常有必要。如宪法修改草案中规定设立教育科学文化卫生委员会,他们很欢迎,并建议应单独设立一个教育委员会。

现在,尽管各专门委员会刚刚设立,作用还没有充分发挥出来，但已经在现实生活中显示出了它们的作用。

（二）各专门委员会的工作，是在全国人民代表大会和它的常务委员会的领导下，研究、审议和拟订有关议案，在全国人民代表大会组织法第三十七条中对专门委员会的工作作了更加详细的规定：

"（一）审议全国人民代表大会主席团或者全国人民代表大会常务委员会交付的议案；

（二）向全国人民代表大会主席团或者全国人民代表大会常务委员会提出属于全国人民代表大会或者全国人民代表大会常务委员会职权范围内同本委员会有关的议案；

（三）审议全国人民代表大会常务委员会交付的被认为同宪法、法律相抵触的国务院的行政法规、决定和命令，国务院各部、各委员会的命令、指示和规章，省、自治区、直辖市的人民代表大会和它的常务委员会的地方性法规和决议，以及省、自治区、直辖市的人民政府的决定、命令和规章，提出报告；

（四）审议全国人民代表大会主席团或者全国人民代表大会常务委员会交付的质询案，听取受质询机关对质询案的答复，必要的时候向全国人民代表大会主席团或者全国人民代表大会常务委员会提出报告；

（五）对于全国人民代表大会或者全国人民代表大会

第三章　修改宪法中对序言和条文的具体讨论

常务委员会职权范围内同本委员会有关的问题,进行调查研究,提出建议。

民族委员会还可以对加强民族团结问题进行调查研究,提出建议;审议自治区报请全国人民代表大会常务委员会批准的自治区的自治条例和单行条例,向全国人民代表大会常务委员会提出报告。

法律委员会统一审议向全国人民代表大会或者全国人民代表大会常务委员会提出的法律草案;其他专门委员会就有关的法律草案向法律委员会提出意见。"

上述内容原来是打算写在宪法里的,后来觉得还是应当写在全国人民代表大会组织法里比较适当,就从宪法修改草案中把上述内容移到了全国人民代表大会组织法中。专门委员会只能就全国人民代表大会或者它的常务委员会交付给它们的问题提出建议和意见,而不能直接以全国人民代表大会及其常务委员会的名义决定和处理问题。

(三)关于新设哪些专门委员会、保留哪些原有的专门委员会,大家也作了认真讨论。新设了法律委员会、财政经济委员会、教育科学文化卫生委员会、外事委员会、华侨委员会。原有的民族委员会仍然保留,原有的法案委员会,由于新设立了法律委员会而不再保留。原来的代表资格审查委员会,在全国人大开会后选举产生,对代表的资格进行审查,现在改为在全国人民代表大会常务委员会中设立代表资格审查委员会,对下一届全国人民代表大会代表的资格进行审查。代表资格审查委员会的主任委员、副主任委员和委员的人选,由委员长会议在常务委员会组成人员中提名,常务委员会会议通过。这个代表资格审查委员会审查了代表资格以后,全国人大才开会,不像过去那样先开会,然后才审查代表资格。

第七十一条 全国人民代表大会和全国人民代表大会常务委员会认为必要的时候,可以组织关于特定问题的调查委员会,并且根据调查委员会的报告,作出相应的决议。

调查委员会进行调查的时候,一切有关的国家机关、社会团体和公民都有义务向它提供必要的材料。

这一条的内容与一九五四年宪法规定的内容相同。

第七十二条 全国人民代表大会代表和全国人民代表大会常务委员会组成人员,有权依照法律规定的程序分别提出属于全国人民代表大会和全国人民代表大会常务委员会职权范围内的议案。

这一条规定全国人大代表和全国人大常委会组成人员,有权依照法律规定的程序分别提出属于全国人大和全国人大常委会职权范围内的议案。这里有两点限制:

(一)必须依照法律规定的程序。这些程序原来写在宪法里,后来觉得这些都是很具体的问题,故移到全国人民代表大会组织法中规定。过去对于提议案的程序没有明确规定,全国人民代表大会开会时无法可循,结果每一个代表都可以提议案,影响全国人民代表大会讨论一些重大的问题。有鉴于此,全国人民代表大会组织法对提议案的程序作了严格的规定。

全国人大组织法规定,全国人民代表大会主席团、全国人民代表大会常务委员会、全国人大各专门委员会、国务院、中央军事委员会、最高人民法院、最高人民检察院、一个全国人大代表团或者三十名以上的全国人大代表可以向全国人民代表大会提出议案。为什么要规定三十名全国人大代表才可以提出议案?因为考虑规定提出议案需要的代表人数太多,例如几百名全国人大代表才能提议案,则过于严格,在实际上也不容易办到。于是以全国人大代表的总数(大约三千人)的百分之一作为标准,即三十人就可以提出议案。那么为什么又规定一个代表团也可以提议案呢?因为有的地区,如宁夏回族自治区的全国人大代表团的代表总数少于三十人,如果规定只有三十个全国人大代表才能提出议案,则宁夏回族自治区的全国人大代表团无权提出议案,因此全国人大组织法又规定一个全国人大代表团也有权提出议案,而不管这一个全国人大代表团是否有三十个代表。这样可以保证省、自治区、直辖市有平等的提议案权。

（二）议案内容必须属于全国人大和全国人大常委会职权范围以内的。宪法加上这个限制，是因为过去全国人民代表大会开会时，对什么是议案没有具体规定，把全国人大代表提出的大量具体建议和意见也作为提案，近几年来每一次全国人民代表大会开会的提案就有一千多个，很难在全国人民代表大会会议上具体讨论和处理。例如，某个全国人大代表提出，某某公社某某大队的一座桥梁坏了，很久没有人修理，需要赶快修筑。又如，某个全国人大代表提出，他所在的某某县，其中有条街道高低不平，下雨时泥泞难走，需要修筑，等等。这只能叫作反映情况或意见，而不能叫议案，不属于全国人民代表大会及其常委会的职权范围，可以由当地人大去讨论解决。

第七十三条　全国人民代表大会代表在全国人民代表大会开会期间，全国人民代表大会常务委员会组成人员在常务委员会开会期间，有权依照法律规定的程序提出对国务院或者国务院各部、各委员会的质询案。受质询的机关必须负责答复。

本条规定全国人大代表和全国人大常委会组成人员的质询权。质询和询问应有所区别，不能把二者混同起来。质询，也叫质问，即具有质询权者（如议员或人大代表）对国家机关及其公职人员，提出质问和要求答复。在我国，人大代表对国家机关的工作提出质询，是人民群众监督国家机关工作的一种形式。质询的内容，通常都是比较重大的问题，而询问则是对一些比较具体、简单问题的查询。两者是不能等同的。

为了保证质询的严肃性和有效性，全国人大组织法对质询的程序作了比较具体的规定：一个代表团或者三十名以上的代表，可以书面提出对国务院和国务院各部、各委员会的质询案，由主席团决定交由受质询机关书面答复，或者由受质询机关的领导人在主席团会议上或者有关的专门委员会会议上，或者在有关的代表团会议上口头答复。在主席团会议或者专门委员会会议上答复的，提质询案的代表团团长或者提质询案的代表，可以列席会议，发表意见。在外国，对质询的规定更加严格，在一个星期当中，某一天下午从几点到几点是质询的时间，规定得都很详细。而不是随便什么时候，什么事情都可以提出质询。

同时，全国人民代表大会组织法对于询问也作了规定，即在全国人民代表大会审议议案的时候，代表可以向有关国家机关提出询问，由有关机关派人在代表小组或者主席团会议上进行说明。

第七十四条　全国人民代表大会代表，非经全国人民代表大会会议主席团许可，在全国人民代表大会闭会期间非经全国人民代表大会常务委员会许可，不受逮捕或者刑事审判。

有一点需要说明,一九五四年宪法规定,全国人民代表大会代表,非经全国人民代表大会许可,在全国人民代表大会闭会期间非经全国人大常委会的许可,不受逮捕或者审判。这次修改宪法,在"审判"前加上了"刑事"两个字,就是说,人民法院对代表进行民事审判是可以的。作这样的修改是有其原因的。天津市高级人民法院曾向全国人大常委会提出,在审理一起民事纠纷时,当事人的一方为全国人大代表,是否可以传唤该当事人出庭?该法院请求全国人大常委会答复。全国人大常委会讨论后决定,该代表应当出庭。因为民事审判并不妨碍其人身自由,他仍然可以行使其作为全国人大代表所享有的权利。而刑事审判则不然,审判的结果有可能导致剥夺代表的人身自由,使其不能依法履行全国人大代表的职务,不能行使他所享有的权利。因此必须经全国人大会议主席团或者全国人大常委会的许可,方可对全国人大代表进行刑事审判。

还有一个问题,地方人大的代表是否也受到特殊保护?《地方各级人民代表大会和地方各级人民政府组织法》第十九条规定:"县级以上的地方各级人民代表大会代表,非经本级人民代表大会常务委员会同意,不受逮捕或者审判。"对乡、民族乡、镇的人大代表则未作这样的规定。

第三章 修改宪法中对序言和条文的具体讨论

第七十五条 全国人民代表大会代表在全国人民代表大会各种会议上的发言和表决，不受法律追究。

这一条是新增加的，为了保障全国人大代表能在全国人大的各种会议上自由地发表意见，行使代表的权利，不受法律追究。但为了使该条切实可行，不致被滥用，宪法加了一个限制，即全国人大代表"在全国人民代表大会各种会议上的发言和表决"，不受法律追究。超出此范围以外，代表应对其言行自行负责。

有人认为，第七十五条的规定与法律面前人人平等原则不相符合。这是一个误解。宪法规定全国人大代表在全国人大各种会议上的发言和表决，不受法律追究，这是为了保障代表能有效地行使其权利，能代表人民的利益自由地发表意见。这与超出法律以外的特权是完全不同的。这一权利是宪法本身规定的，与法律面前人人平等原则并无矛盾之处。

第七十六条 全国人民代表大会代表必须模范地遵守宪法和法律，保守国家秘密，并且在自己参加的生产、工作和社会活动中，协助宪法和法律的实施。

全国人民代表大会代表应当同原选举单位和人民保持密切的联系，听取和反映人民的意见和要求，努力为人民服务。

201

这一条是根据部分代表的建议而增加的,它对全国人大代表提出了要求。其内容是参考原全国人大组织法写的,但也增添了两点新内容。第一,代表必须"保守国家秘密",这是一位全国人大代表提出的。他认为全国人大代表当中有一些代表是从事国家机密工作的,或者在其工作范围内经常接触有关国家机密,这些代表在会议上的发言虽然不受法律追究,但这并不等于说他可以在会议上随意泄露国家秘密。第二,全国人大代表应同原选举单位和人民保持密切的联系,这也是新增加的。

第七十七条　全国人民代表大会代表受原选举单位的监督。原选举单位有权依照法律规定的程序罢免本单位选出的代表。

本条原为原选举单位有权依照法律规定的程序撤换本单位选出的代表。讨论后将"撤换"改为"罢免",这样更通俗一些。

第七十八条　全国人民代表大会和全国人民代表大会常务委员会的组织和工作程序由法律规定。

这一条是新增加的,讲全国人大及其常委会的组织和工作程序由法律规定。因为宪法是根本法,这些问题不宜都在宪法中规定,而应由其他法律,即全国人民代表大会组织法加以规定。

第七十九条　中华人民共和国主席、副主席由全国人民代表大会选举。

有选举权和被选举权的年满四十五周岁的中华人民共和国公民可以被选为中华人民共和国主席、副主席。

中华人民共和国主席、副主席每届任期同全国人民代表大会每届任期相同,连续任职不得超过两届。

(一) 宪法恢复了国家主席的设置,但这个机构的性质是什么？宪法没有规定。我们可以看到,宪法对于全国人大、国务院、中央军委、人民法院、人民检察院都有定性的规定,说明它们是什么性质的国家机关,唯独对于国家主席没有作这样的规定。原宪法修改草案曾在这一节一开始就规定:"中华人民共和国主席对内对外代表国家",讨论中觉得这样的提法不很科学和适当,因为不仅国家主席,而且全国人大常委会、国务院在一些场合也代表国家。故在正式通过宪法前,这一条被取消了。后来参考一九五四年宪法,开始只规定:"中华人民共和国主席、副主席由全国人民代表大会选举。有选举权和被选举权的年满四十五岁的中华人民共和国公民可以被选为中华人民共和国主席、副主席。"并增写了主席、副主席连续任职不得超过两届的内容,而没有写中华人民共和国主席的性质。

(二) 这一条未规定主席是国家元首。从法律地位上看,我国是集体元首还是个人元首,学术界有不同意见。大多数人认为我国的国家元首是集体元首。刘少奇同志在关于一九五四年宪法草案的报告中已经指出,我国的国家元首是国家主席和全国人大常委会相结合的集体国家元首。现在的国家主席制度和一九五四年宪法中的国家主席制度差不多,因此仍然是集体元首。而且现在国家主席的职权比一九五四年宪法所规定的小了,国家主席不统率全国武装力量,不担任国防委员会主席,也不召开最高国务会议,不担任最高国务会议主席。

总而言之,国家主席的地位崇高,权力较小,比较超脱,这样可以防止个人专断,也有利于国家机关的合理分工。因为国家主席只根据全国人大及其常委会的决定,公布法律,任免国务院组成人员和进行一些其他的工作,不负实际责任,故宪法没有规定国家主席向全国人大负责并报告工作。

第八十条　中华人民共和国主席根据全国人民代表大会的决定和全国人民代表大会常务委员会的决定,公布法律,任免国务院总理、副总理、国务委员、各部部长、各委员会主任、审计长、秘书长,授予国家的勋章和荣誉称号,发布特赦令,发布戒严令,宣布战争状态,发布动员令。

第八十一条　中华人民共和国主席代表中华人

民共和国,接受外国使节;根据全国人民代表大会常务委员会的决定,派遣和召回驻外全权代表,批准和废除同外国缔结的条约和重要协定。

第八十二条　中华人民共和国副主席协助主席工作。

中华人民共和国副主席受主席的委托,可以代行主席的部分职权。

第八十三条　中华人民共和国主席、副主席行使职权到下届全国人民代表大会选出的主席、副主席就职为止。

以上这些条文基本上是参考一九五四年宪法的内容写的,没有增加新的重要内容。

第八十四条　中华人民共和国主席缺位的时候,由副主席继任主席的职位。

中华人民共和国副主席缺位的时候,由全国人民代表大会补选。

中华人民共和国主席、副主席都缺位的时候,由全国人民代表大会补选;在补选以前,由全国人民代表大会常务委员会委员长暂时代理主席职位。

本条比一九五四年宪法的规定更加完备。一九五四年宪法只规定主席缺位时,由副主席继任主席的职位,而对副主席缺位及主席、副主席都缺位时应怎么办都未作规定。宪法弥补了这些不足,规定副主席缺位时,由全国人大补选;主席、副主席都缺位时,由全国人大补选,在补选以前,由全国人大常委会委员长暂时代理主席职位。

第八十五条 中华人民共和国国务院,即中央人民政府,是最高国家权力机关的执行机关,是最高国家行政机关。

这一条的内容和一九五四年宪法的规定相同。

第八十六条 国务院由下列人员组成:

总理,

副总理若干人,

国务委员若干人,

各部部长,

各委员会主任,

审计长,

秘书长。

国务院实行总理负责制。各部、各委员会实行部长、主任负责制。

国务院的组织由法律规定。

(一)原宪法修改草案中规定国务院副总理二至四人,讨论中有人提出,对人数规定具体了,如果实际情况发生变化,又要修改宪法,不如不作具体规定为妥。关于部长、委员会主任的人数也作过类似的讨论。具体规定多少部长是难以办到的,因为部的建立、合并、撤销,也常常随着实际的需要而变化。不过大家一致认为,国务院的机构不宜太多,副总理、国务委员、副部长的人数也不能太多。

(二) 本条新增加了一款,即"国务院实行总理负责制。各部、各委员会实行部长、主任负责制。"这一改革是完全必要的,目的是为了提高国务院的工作效能,加强最高国家行政机关的工作。过去几部宪法虽然也写了总理领导、主持国务院的工作,但国务院发布的决议和命令,必须经国务院常务会议或者全体会议通过,有些类似部长会议的做法。现在则有所不同。总理召集和主持国务院常务会议和国务院全体会议,重大的问题须经国务院常务会议或者全体会议讨论决定。这里所说的"决定"与过去的"通过"是有不同的。"通过"必须进行表决,少数服从多数,总理也只能投一票;"决定"则不一定采取少数服从多数的办法,而是在讨论的基础上,总理在广泛地听取各种意见以后,有最后的决定权。一般情况下多数的意见是正确的,但有时也不尽然。尽管如此,总理在作出决定时还是会认真考虑多数的意见。

根据《国务院组织法》第十条的规定,部、委的首长负责制与总理负责制有所不同。各部、各委员会工作的方针、政策、计划和重大行政措施,应向国务院请示报告,由国务院决定。可见,部、委的首长负责制是有一定的限制和前提的。

第八十七条 国务院每届任期同全国人民代表大会每届任期相同。

总理、副总理、国务委员连续任职不得超过两届。

这一条中的第二款关于总理、副总理、国务委员连续任职不得超过两届的规定是新增加的。

第八十八条 总理领导国务院的工作。副总理、国务委员协助总理工作。

总理、副总理、国务委员、秘书长组成国务院常务会议。

总理召集和主持国务院常务会议和国务院全体会议。

这一条关于国务院常务会议的组成人员当中增加了国务委员。

第八十九条 国务院行使下列职权:

(一)根据宪法和法律,规定行政措施,制定行政法规,发布决定和命令;

(二)向全国人民代表大会或者全国人民代表大会常务委员会提出议案;

(三)规定各部和各委员会的任务和职责,统一领

导各部和各委员会的工作,并且领导不属于各部和各委员会的全国性的行政工作;

(四)统一领导全国地方各级国家行政机关的工作,规定中央和省、自治区、直辖市的国家行政机关的职权的具体划分;

(五)编制和执行国民经济和社会发展计划和国家预算;

(六)领导和管理经济工作和城乡建设;

(七)领导和管理教育、科学、文化、卫生、体育和计划生育工作;

(八)领导和管理民政、公安、司法行政和监察等工作;

(九)管理对外事务,同外国缔结条约和协定;

(十)领导和管理国防建设事业;

(十一)领导和管理民族事务,保障少数民族的平等权利和民族自治地方的自治权利;

(十二)保护华侨的正当的权利和利益,保护归侨和侨眷的合法的权利和利益;

(十三)改变或者撤销各部、各委员会发布的不适当的命令、指示和规章;

(十四)改变或者撤销地方各级国家行政机关的不适当的决定和命令;

（十五）批准省、自治区、直辖市的区域划分，批准自治州、县、自治县、市的建置和区域划分；

（十六）决定省、自治区、直辖市的范围内部分地区的戒严；

（十七）审定行政机构的编制，依照法律规定任免、培训、考核和奖惩行政人员；

（十八）全国人民代表大会和全国人民代表大会常务委员会授予的其他职权。

关于国务院的职权，讨论了三个问题：

（一）过去国务院只能规定行政措施，这次修改宪法，为了加强社会主义法制，加强国务院的工作，规定国务院有权制定行政法规。过去宪法规定国务院有权发布"决议和命令"，现在修改为发布"决定和命令"，宪法用词非常严格，注意一致性和规范化，在一九八二年宪法中凡是国家权力机关作出的都称为"决议"，国家行政机关作出的都称为"决定"。

现在的问题是，国务院制定行政法规与全国人民代表大会常务委员会制定法律的权限，在实践中有时还难以划分清楚。哪些问题应该制定为行政法规，哪些问题必须由全国人民代表大会常务委员会以法律规定，还没有一个更为明确的法律标准。这好像省、直辖市的人民代表大会和它们的常务委员会颁布的地方性法规和省、直辖市的人民

第三章 修改宪法中对序言和条文的具体讨论

政府发布的规章一样,有时其界限也很难从法律上严格划分。这些问题有待于进一步研究解决。

(二)参考一九五四年宪法的写法,在国务院职权中,分类综合规定了各项职权,这样既比较具体、全面、明确,又不过于繁琐或简单。根据实际情况,对有的事项国务院只进行管理,对另一些事项则规定既管理又领导。这次宪法比一九五四年宪法增写了一些新的内容,例如:规定各部和各委员会的任务和职责,统一领导不属于各部和各委员会的全国性的行政工作;规定中央和省、自治区、直辖市的国家行政机关职权的具体划分;领导和管理经济工作和城乡建设;同外国缔结条约和协定;批准省、自治区、直辖市的区域划分;决定省、自治区、直辖市范围内部分地区的戒严;审定行政机构的编制;依法培训、考核和奖惩行政人员,等等。

(三)将一九五四年宪法规定的"管理华侨事务"改为"保护华侨的正当的权利和利益,保护归侨和侨眷的合法的权利和利益",将"领导武装力量的建设"改为"领导和管理国防建设事业",将一九五四年宪法中的"保护国家利益、维护公共秩序、保障公民权利"改为"领导和管理民政、公安、司法行政和监察等工作"。在地方人民政府的职权中,也有管理民政、公安、司法行政、监察等内容。在原来的宪法修改草案中,为了简单明了,宪法对地方人民政府的职权没有采取一一列举的方式,没有写地方政府有管理司法行政的职权,有的地方以为宪法不要司法部门了,立即把司法部门取消了,因此宪法在第一百零七条也写上了司法行政工作。可见,宪法每一个很小的变动都会给现实生活带来很大的影响,在修改宪法时一定要非常谨慎。

第九十条 国务院各部部长、各委员会主任负责本部门的工作;召集和主持部务会议或者委员会会议、委务会议,讨论决定本部门工作的重大问题。

各部、各委员会根据法律和国务院的行政法规、决定、命令,在本部门的权限内,发布命令、指示和规章。

增写了各部、各委员会在本部门权限内,依法可以发布规章的内容。

第九十一条 国务院设立审计机关,对国务院各部门和地方各级政府的财政收支,对国家的财政金融机构和企业事业组织的财务收支,进行审计监督。

审计机关在国务院总理领导下,依照法律规定独立行使审计监督权,不受其他行政机关、社会团体和个人的干涉。

这一条新设立了审计机关,主要目的是为了加强对国务院各部门和地方各级人民政府的财政收支、对国家的财政金融机构和企业事业组织的财务收支的审计监督。宪法并赋予审计机关以独立行使审计监督的权力,不受其他行政机关、社会团体和个人的干涉。

第九十二条 国务院对全国人民代表大会负责并报告工作;在全国人民代表大会闭会期间,对全国人民代表大会常务委员会负责并报告工作。

这一条和一九五四年宪法的规定相同。

第九十三条 中华人民共和国中央军事委员会领导全国武装力量。

中央军事委员会由下列人员组成:

主席,

副主席若干人,

委员若干人。

中央军事委员会实行主席负责制。

中央军事委员会每届任期同全国人民代表大会每届任期相同。

第九十四条 中央军事委员会主席对全国人民代表大会和全国人民代表大会常务委员会负责。

这些条文规定了中央军事委员会的组成、任期。原来宪法修改草案关于中央军事委员会一共有四条,后来考虑内容不多,也不能写得很具体,故合并为两条。这也参考了外国的宪法,外国宪法对军事机关规定的内容也很少。

第九十四条只写了中央军事委员会主席对全国人大及其常委会负责,没有写报告工作,因为军事行动具有国家机密性,不能像其他国家机关一样,每年报告一次工作。

第九十五条 省、直辖市、县、市、市辖区、乡、民族乡、镇设立人民代表大会和人民政府。

地方各级人民代表大会和地方各级人民政府的组织由法律规定。

自治区、自治州、自治县设立自治机关。自治机关的组织和工作根据宪法第三章第五节、第六节规定的基本原则由法律规定。

本条第二款是这次增加的。

第九十六条 地方各级人民代表大会是地方国家权力机关。

县级以上的地方各级人民代表大会设立常务委员会。

这一条的第二款关于"县级以上的地方各级人民代表大会设立常务委员会"的规定,在一九五四年、一九七五年宪法中都没有这一内容。一九七九年七月第五届全国人民代表大会第二次会议通过了关于修正《中华人民共和国宪法》若干规定的决议,决定县和县以上的地方各级人民

第三章　修改宪法中对序言和条文的具体讨论

代表大会设立常务委员会,目的是为了加强县以上的地方各级国家权力机关。一九五四年时,由地方各级人民委员会行使同级人民代表大会的常设机关的职权,现在的情况已经有了很大的变化,县以上的地方各级国家权力机关的工作日益繁重,为了加强县以上的地方国家权力机关,发扬社会主义民主,宪法把一九七九年七月一日第五届全国人大第二次会议通过的这一决议内容规定下来。

第九十七条　省、直辖市、设区的市的人民代表大会代表由下一级的人民代表大会选举;县、不设区的市、市辖区、乡、民族乡、镇的人民代表大会代表由选民直接选举。

地方各级人民代表大会代表名额和代表产生办法由法律规定。

将我国选举法中关于扩大直接选举到县级的精神写入了本条,以加强县一级的国家政权,更好地发扬社会主义民主。

第九十八条　省、直辖市、设区的市的人民代表大会每届任期五年。县、不设区的市、市辖区、乡、民族乡、镇的人民代表大会每届任期三年。

一九七八年宪法规定县、市、市辖区的人民代表大会每届任期三年,人民公社、镇的人民代表大会每届任期两年。宪法从实际出发,规定县、不设区的市、市辖区、乡、民族乡、镇的人民代表大会每届任期三年。

第九十九条 地方各级人民代表大会在本行政区域内,保证宪法、法律、行政法规的遵守和执行;依照法律规定的权限,通过和发布决议,审查和决定地方的经济建设、文化建设和公共事业建设的计划。

县级以上的地方各级人民代表大会审查和批准本行政区域内的国民经济和社会发展计划、预算以及它们的执行情况的报告;有权改变或者撤销本级人民代表大会常务委员会不适当的决定。

民族乡的人民代表大会可以依照法律规定的权限采取适合民族特点的具体措施。

本条恢复了一九五四年宪法的规定:"民族乡的人民代表大会可以依照法律规定的权限采取适合民族特点的具体措施。"以保障少数民族的合法权益。

第一百条 省、直辖市的人民代表大会和它们的常务委员会,在不同宪法、法律、行政法规相抵触的前提下,可以制定地方性法规,报全国人民代表大会常务委员会备案。

因为省、直辖市一级国家权力机关的任务日益繁重,而各省、直辖市、自治区的情况又有很大的区别,为了适应社会主义现代化建设的需要,因地制宜,充分发挥地方的积极性,宪法规定省、直辖市的人民代表大会和它们的常务委员会有权制定地方性法规。

第一百零一条　地方各级人民代表大会分别选举并且有权罢免本级人民政府的省长和副省长、市长和副市长、县长和副县长、区长和副区长、乡长和副乡长、镇长和副镇长。

县级以上的地方各级人民代表大会选举并且有权罢免本级人民法院院长和本级人民检察院检察长。选出或者罢免人民检察院检察长,须报上级人民检察院检察长提请该级人民代表大会常务委员会批准。

在这条第二款中规定了县级以上的地方各级人民代表大会选出或者罢免本级人民检察院检察长,须报上级人民检察院检察长提请该级人民代表大会常务委员会批准。以体现各级人民检察院除受本级地方国家权力机关领导外,同时受上级人民检察院的领导。

第一百零二条　省、直辖市、设区的市的人民代表大会代表受原选举单位的监督;县、不设区的市、市辖区、乡、民族乡、镇的人民代表大会代表受选民的监督。

地方各级人民代表大会代表的选举单位和选民,有权依照法律规定的程序罢免由他们选出的代表。

这条的内容和一九五四年宪法的规定基本相同，只是将第二款改为"罢免由他们选出的代表"，一九五四年宪法原来的规定是"随时撤换自己选出的代表"。修改的原因是讨论中认为"罢免"比"撤换"更好些，更通俗些。罢免是指免去代表职务，撤换则除了撤销职务外，还可包括更换的意思，而本款的内容则只是讲选举以后还可罢免，至于更换人则是另一件事。

第一百零三条　县级以上的地方各级人民代表大会常务委员会由主任、副主任若干人和委员若干人组成，对本级人民代表大会负责并报告工作。

县级以上的地方各级人民代表大会选举并有权罢免本级人民代表大会常务委员会的组成人员。

县级以上的地方各级人民代表大会常务委员会的组成人员不得担任国家行政机关、审判机关和检察机关的职务。

本条说明县级以上的地方各级人大常委会的组成及对本级人民代表大会的关系，这是过去几部宪法中所没有的。

第一百零四条　县级以上的地方各级人民代表大会常务委员会讨论、决定本行政区域内各方面工作的重大事项；监督本级人民政府、人民法院和人民检察院的工作；撤销本级人民政府的不适当的决定和命令；撤销下一级人民代表大会的不适当的决议；依照法律规定的权限决定国家机关工作人员的任免；在本级人民代表大会闭会期间，罢免和补选上一级人民代表大会的个别代表。

本条规定了县级以上的地方各级人大常委会的职权，这是过去几部宪法中所没有的。

第一百零五条　地方各级人民政府是地方各级国家权力机关的执行机关，是地方各级国家行政机关。

地方各级人民政府实行省长、市长、县长、区长、乡长、镇长负责制。

本条规定地方各级人民政府实行省长、市长、县长、区长、乡长、镇长负责制。这是总结了我国国家行政机关工作的经验，为了提高国家行政机关的工作效率，而新增写的地方各级人民政府实行首长负责制。

一九五四年宪法规定的地方各级人民政府是地方各级人民委员会，是委员制。

第一百零六条　地方各级人民政府每届任期同本级人民代表大会每届任期相同。

这一条与一九五四年宪法的不同之处是：一九五四年宪法规定的是地方各级人民委员会的任期，这里的地方各级人民政府的组成,根据《中华人民共和国地方各级人民代表大会和地方各级人民政府组织法》第三十三条的规定,则与一九五四年宪法第六十三条的规定不同。组织法第三十三条规定:"省、自治区、直辖市的人民政府分别由省长、副省长,自治区主席、副主席,市长、副市长和秘书长、厅长、局长、委员会主任等组成。自治州、县、自治县、市、市辖区的人民政府分别由州长、副州长,县长、副县长,市长、副市长,区长、副区长和局长、科长等组成。乡、民族乡人民政府设乡长、副乡长。镇人民政府设镇长、副镇长。"一九五四年宪法第六十三条规定:"地方各级人民委员会分别由省长、市长、县长、区长、乡长、镇长各一人,副省长、副市长、副县长、副区长、副乡长、副镇长各若干人和委员各若干人组成。"

第一百零七条　县级以上地方各级人民政府依照法律规定的权限,管理本行政区域内的经济、教育、科学、文化、卫生、体育事业、城乡建设事业和财政、民政、公安、民族事务、司法行政、监察、计划生育等行政工作,发布决定和命令,任免、培训、考核和奖惩行政工作人员。

乡、民族乡、镇的人民政府执行本级人民代表大会的决议和上级国家行政机关的决定和命令,管理本行政区域内的行政工作。

省、直辖市的人民政府决定乡、民族乡、镇的建置和区域划分。

这一条和一九五四年宪法有两点不同：第一，对县级以上地方各级人民政府的权限在本条第一款采取列举式的规定，一九五四年宪法只规定"依照法律规定的权限管理本行政区域的行政工作"，修改的目的是为了使人民政府的权限更明确些。第二，增加了本条的第三款关于乡、民族乡、镇的建置和区域划分，明确了省、直辖市的人民政府有此权限。一九五四年宪法中对此没有作规定。

第一百零八条 县级以上的地方各级人民政府领导所属各工作部门和下级人民政府的工作，有权改变或者撤销所属各工作部门和下级人民政府的不适当的决定。

这一条有一点和一九五四年宪法不同，一九五四年宪法第六十五条规定："县级以上的人民委员会有权停止下一级人民代表大会的不适当的决议的执行"。因为一九八二年宪法规定："县级以上的地方各级人民代表大会设立常务委员会。"所以没有再作一九五四年宪法第六十五条那样的规定，而把这一权力赋予了县级以上的地方各级人大常委会。

第一百零九条 县级以上的地方各级人民政府

设立审计机关。地方各级审计机关依照法律规定独立行使审计监督权,对本级人民政府和上一级审计机关负责。

本条关于县级以上的地方各级人民政府设立审计机关的规定是过去几部宪法中所没有的。

第一百一十条 地方各级人民政府对本级人民代表大会负责并报告工作。县级以上的地方各级人民政府在本级人民代表大会闭会期间,对本级人民代表大会常务委员会负责并报告工作。

地方各级人民政府对上一级国家行政机关负责并报告工作。全国地方各级人民政府都是国务院统一领导下的国家行政机关,都服从国务院。

这一条的内容和一九五四年宪法第六十六条的规定基本相同。由于一九八二年宪法规定县级以上的地方各级人民代表大会设立常务委员会,因此,本条第一款中增写了县级以上的地方各级人民政府在本级人大闭会期间,对本级人大常委会负责并报告工作。

第一百一十一条 城市和农村按居民居住地区设立的居民委员会或者村民委员会是基层群众性自治组织。居民委员会、村民委员会的主任、副主任和委员由居民选举。居民委员会、村民委员会同基层政权的相互关系由法律规定。

居民委员会、村民委员会设人民调解、治安保卫、公共卫生等委员会,办理本居住地区的公共事务和公益事业,调解民间纠纷,协助维护社会治安,并且向人民政府反映群众的意见、要求和提出建议。

居民委员会、村民委员会的组织如何设立?在修改宪法的讨论中参考了《城市居民委员会组织条例》的规定,由当地居民选举主任、副主任和委员若干人组成居民委员会。村民委员会也同样由村民选举组成。既然它们是群众性自治组织,当然应由当地居民或村民自己选举产生,而不能由政府任命,以使那些热心的、愿意为公众服务的、群众拥护的而又有能力的人能够进入居民或村民委员会。

既然居民或村民委员会是一种群众性的自治组织,所以宪法又规定它的任务是办理本居住地区的公共事务、向政府反映群众的意见等,这是符合居民或村民委员会的性质的。如果它的任务大大超出了群众性自治组织的性质,则应当加以适当调整。

第一百一十二条　民族自治地方的自治机关是自治区、自治州、自治县的人民代表大会和人民政府。

民族自治地方的自治机关采取什么样的具体形式,也是实现民族区域自治制度的重要内容,一九五四年宪法曾经规定:"自治机关的形式可以依照实行区域自治的民族大多数人民的意愿规定。"这是完全正确的，体现了实行民族区域自治的原则。但是一九七五年和一九七八年宪法则并没有注意到这一点。在修改宪法时，认为应当像一九五四年宪法那样来规定自治机关的形式；但是考虑到在各民族自治地方的自治机关，多年来已经使用了人民代表大会和人民政府这一名称和形式，已经和全国其他地方完全一样，没有必要再将自治机关已采用的人民代表大会和人民政府的形式改回去，所以宪法重新确认人民代表大会和人民政府是民族自治地方自治机关的具体形式。

  第一百一十三条　自治区、自治州、自治县的人民代表大会中，除实行区域自治的民族的代表外，其他居住在本行政区域内的民族也应当有适当名额的代表。

  自治区、自治州、自治县的人民代表大会常务委员会中应当有实行区域自治的民族的公民担任主任或者副主任。

（一）本条第一款的规定强调在多民族的民族自治地方的人民代表大会中，除了实行区域自治的民族的代表外，还要注意其他民族都有代表参加，以贯彻民族平等的原则，使各民族的意见都能反映到民族自治地方的人民代表大会。

（二）本条第二款规定民族自治地方的各级人大常委

会中,必须有实行区域自治的民族的公民担任主任或者副主任,就是说可以担任正主任,也可以担任副主任,而不一定必须担任正主任。考虑到在许多民族自治地方有一个以上的民族居住,这样比较灵活的规定可以照顾和适应多民族聚居的情况,也符合民族区域自治制度的精神。

第一百一十四条 自治区主席、自治州州长、自治县县长由实行区域自治的民族的公民担任。

本条抓住实行民族区域自治中的一个主要问题,即对行政机关的最主要的负责人,作了明确的规定,只要自治区主席、自治州州长、自治县县长由实行区域自治的民族的公民担任,加上前条规定的民族自治地方的人大常委会主任或者副主任由实行区域自治的民族的公民担任,这就使民族自治地方自治机关的主要负责人员问题得到解决,有利于贯彻民族区域自治政策。

第一百一十五条 自治区、自治州、自治县的自治机关行使宪法第三章第五节规定的地方国家机关的职权,同时依照宪法、民族区域自治法和其他法律规定的权限行使自治权,根据本地方实际情况贯彻执行国家的法律、政策。

本条除了规定自治机关可依法行使自治权以外,特别规定了一个新的内容,即自治机关可以根据本地方的实际情况贯彻执行国家的法律、政策。这就意味着自治机关可以从本地的实际情况出发,变通地贯彻执行国家的法律、政策。在这种情况下,不能认为自治机关是违法,而一般的地方国家机关就不享有这样的权利。本条和下一条的规定体现了民族自治地方在立法方面的自治权。

第一百一十六条 民族自治地方的人民代表大会有权依照当地民族的政治、经济和文化的特点,制定自治条例和单行条例。自治区的自治条例和单行条例,报全国人民代表大会常务委员会批准后生效。自治州、自治县的自治条例和单行条例,报省或者自治区的人民代表大会常务委员会批准后生效,并报全国人民代表大会常务委员会备案。

在修改宪法中有人提出,过去几部宪法规定自治机关制定的自治条例和单行条例都由全国人大常委会批准没有必要,而且这样做对全国人大常委会的工作也将加重,不如改为自治州、自治县制定的自治条例和单行条例由省或自治区的人大常委会批准,报全国人大常委会备案更为适当。宪法修改委员会采纳了这一意见。

第一百一十七条 民族自治地方的自治机关有管理地方财政的自治权。凡是依照国家财政体制属于民族自治地方的财政收入,都应当由民族自治地方的自治机关自主地安排使用。

一九五四年宪法规定自治机关依法管理本地方的财政,一九七五年宪法、一九七八年宪法取消了这一内容。在修改宪法中普遍认为管理民族自治地方的财政,是自治机关的一项重要自治权利,宪法不但不应当取消这一权利,而且应当加强,因此,宪法特别增写了"凡是依照国家财政体制属于民族自治地方的财政收入,都应当由民族自治地方的自治机关自主地安排使用",在这里使用了"自主地"三字,说明国家认真地保障自治机关的财政权,其他国家机关不能任意干涉、侵犯自治机关的财政权。

第一百一十八条　民族自治地方的自治机关在国家计划的指导下,自主地安排和管理地方性的经济建设事业。

国家在民族自治地方开发资源、建设企业的时候,应当照顾民族自治地方的利益。

本条指的是自治机关的经济建设权,自治机关可以自主地安排、管理自己的经济建设事业,这是在新的历史时期自治机关的一项新的自治权利,它关系到民族自治地方是否能够真正达到进步繁荣,这是宪法的一项新规定,在过去几部宪法中是没有的,也是这次宪法的新发展。

这条还针对实际情况中所存在的问题,如有些中央部门或其他机关,在民族自治地方建设工厂、开发资源,不但不使民族自治地方得到一些利益,反而损害当地民族的利益,甚至不愿招收当地民族的工人,引起当地人民的不满。因此宪法又规定国家在这些地方开发资源、建设企业的时候,应当照顾民族自治地方的利益。

第一百一十九条 民族自治地方的自治机关自主地管理本地方的教育、科学、文化、卫生、体育事业,保护和整理民族的文化遗产,发展和繁荣民族文化。

这也是一条新规定,在"文化大革命"中,在"左"倾错误思想的影响下,少数民族的文化受到歧视,不少的民族文化遗产遭到损害,宪法针对这些情况,为了保护和发展少数民族的文化事业,特规定自治机关自主地管理本地方的教育科学文化事业。这些文化是我国文化的不可分割的组成部分,在我国的文化和历史发展中起过重要的作用,必须加以保护和发展。

第一百二十条 民族自治地方的自治机关依照国家的军事制度和当地的实际需要,经国务院批准,可以组织本地方维护社会治安的公安部队。

这一条与一九五四年宪法的规定相同,无大变化。

第一百二十一条 民族自治地方的自治机关在执行职务的时候,依照本民族自治地方自治条例的规定,使用当地通用的一种或几种语言文字。

这一条的内容也和一九五四年宪法的规定相同。

第三章 修改宪法中对序言和条文的具体讨论

第一百二十二条　国家从财政、物资、技术等方面帮助各少数民族加速发展经济建设和文化建设事业。

国家帮助民族自治地方从当地民族中大量培养各级干部、各种专业人才和技术工人。

在过去几部宪法中有过类似本条的规定，但是都比较原则，这次修改宪法时，认为更应当强调从经济和文化方面帮助各少数民族，以加速少数民族地区的经济发展。所以本条规定得更具体、更有针对性，就是要从财政、物资、技术等方面来支援，培养干部、专业人才和工人，这些都是各少数民族地区在经济建设和文化建设中所急需的。尽管宪法在序言和第四条中已经作了与本条内容相同的规定，但是本条还是作了更具体的规定，这是在宪法中极少出现的重复现象，由此可见宪法对保障和促进少数民族地区经济和文化建设的高度重视。

总之，在宪法第三章第六节民族自治地方的自治机关中，一共规定了十一条，包括自治机关的形式、人事权、制定条例和根据情况执行法律的权限、财政权、经济建设权、发展和繁荣民族文化的权限、组织地方公安部队权、使用自己的语言文字权和获得国家帮助进行经济文化建设的权利，这是我国几部宪法中规定自治权最多最完备的一部宪法。一九五四年宪法也具体地规定了自治机关的自治权,但是还不及这次宪法的完备,这就说明一九八二年宪法总结了过去几部宪法和实践的经验,克服了许多"左"倾错误影响,才能作出这样完备的规定,以充分保障少数民族自治机关实现它的自治权利。

第一百二十三条 中华人民共和国人民法院是国家的审判机关。

过去几部宪法都规定了各级人民法院和专门人民法院行使审判权。这次修改宪法中改为"法院是国家的审判机关",目的是更加明确人民法院的性质。宪法在规定国家机关时,大都首先说明这一机关的性质,对人民法院也采用这一规定,以便宪法在体例上保持一致。更重要的是,考虑到"文化大革命"中,许多人私设公堂、刑讯逼供,根本无视社会主义法制,严重损害了人民的权利和自由。因此,宪法明确指出了人民法院的性质,说明只有人民法院才有审判权,其他任何机关都没有审判权,不能利用任何借口或形式擅自行使审判权。同样,法院依法行使审判权,任何人都不得违抗、拒绝法院的审判,只能依照法律规定的程序进行上诉。宪法的这一规定具有重要的现实意义。

第一百二十四条 中华人民共和国设立最高人民法院、地方各级人民法院和军事法院等专门人民法院。

最高人民法院院长每届任期同全国人民代表大会每届任期相同,连续任职不得超过两届。

人民法院的组织由法律规定。

本条有两点与过去的宪法的规定不同:(一)规定了军事法院等专门人民法院;(二)规定最高人民法院院长连续任职不得超过两届。

第一百二十五条　人民法院审理案件,除法律规定的特别情况外,一律公开进行。被告人有权获得辩护。

本条与一九五四年宪法的规定相同。

第一百二十六条　人民法院依照法律规定独立行使审判权,不受行政机关、社会团体和个人的干涉。

本条的内容在本书第二章中已经说明。

第一百二十七条　最高人民法院是最高审判机关。

最高人民法院监督地方各级人民法院和专门人民法院的审判工作,上级人民法院监督下级人民法院的审判工作。

这一条的内容和一九五四年宪法的规定相同。

第一百二十八条　最高人民法院对全国人民代

表大会和全国人民代表大会常务委员会负责。地方各级人民法院对产生它的国家权力机关负责。

这一条和一九五四年宪法的规定基本相同,有两点稍微有些区别:(一)这一条写了人民法院,对各级人大和它的常委会负责,而没有写报告工作,这就是说报告工作有灵活性,可以是口头的,也可以是书面的。(二)由于县以上各级人大都设有常委会,所以本条规定人民法院对产生它的国家权力机关负责。

第一百二十九条　中华人民共和国人民检察院是国家的法律监督机关。

许多人在讨论中认为应该规定和明确人民检察院的性质,宪法对此作了专条的规定,说明人民检察院是监督法律实施、与违法犯罪行为作斗争的机关。一九五四年宪法、一九七八年宪法规定最高人民检察院对于国务院所属各部门、地方各级国家机关、国家机关工作人员和公民是否遵守法律,行使检察权。地方各级人民检察院和专门人民检察院,依照法律规定的范围行使检察权。从一九七九年修改人民检察院组织法时彭真同志就指出,检察院对于国家机关和国家工作人员的监督,只限于违反刑法、需要追究刑事责任的案件,至于一般违反党纪、政纪并不触犯刑法的案件,概由党的纪律检查部门和政府机关去处理。这就说明现在人民检察院的法律监督权与一九五四年宪法、一九七八年宪法中的规定已有不同,人民检察院并不对国家机关实行一般的法律监督。

第一百三十条　中华人民共和国设立最高人民检察院、地方各级人民检察院和军事检察院等专门人民检察院。

最高人民检察院检察长每届任期同全国人民代表大会每届任期相同,连续任职不得超过两届。

人民检察院的组织由法律规定。

本条与第一百二十四条的修改指导思想相同。

第一百三十一条　人民检察院依照法律规定独立行使检察权,不受行政机关、社会团体和个人的干涉。

本条在本书第二章中已有说明。

第一百三十二条　最高人民检察院是最高检察机关。

最高人民检察院领导地方各级人民检察院和专门人民检察院的工作,上级人民检察院领导下级人民检察院的工作。

这和一九七八年宪法规定的上级人民检察院监督下级人民检察院的检察工作已有不同,正如彭真同志在一九七九年《关于七个法律草案的说明》中所指出:把检察院上下级关系由原来的监督关系改为领导关系,地方各级人民检察院对同级人民代表大会和它的常务委员会负责并报告工作,同时受上级人民检察院领导,以保证检察院对全国实行统一的法律监督。

第一百三十三条 最高人民检察院对全国人民代表大会和全国人民代表大会常务委员会负责。地方各级人民检察院对产生它的国家权力机关和上级人民检察院负责。

本条与一九五四年宪法的规定基本相同。其中一些微小的区别与第一百二十八条的说明精神相同;另外,由于人民检察院上下级改为领导关系,所以,地方各级人民检察院对产生它的国家权力机关负责的同时,也对上级人民检察院负责。

第一百三十四条 各民族公民都有用本民族语言文字进行诉讼的权利。人民法院和人民检察院对于不通晓当地通用的语言文字的诉讼参与人,应当为他们翻译。

在少数民族聚居或者多民族共同居住的地区,应当用当地通用的语言进行审理;起诉书、判决书、布告和其他文书应当根据实际需要使用当地通用的一种或者几种文字。

本条基本上是恢复一九五四年宪法的规定,只是增写了人民检察院于其中,并对一九五四年宪法的这一条作了一些文字上的修改。

第一百三十五条　人民法院、人民检察院和公安机关办理刑事案件,应当分工负责,互相配合,互相制约,以保证准确有效地执行法律。

本条是新增加的,其原因在本书第二章中已经说明。

五　对国旗、国徽、首都及国歌的讨论

第一百三十六条　中华人民共和国国旗是五星红旗。

第一百三十七条　中华人民共和国国徽,中间是五星照耀下的天安门,周围是谷穗和齿轮。

第一百三十八条　中华人民共和国首都是北京。

关于国旗、国徽和首都,在全民对宪法修改草案的讨论中没有提出新的意见。

许多人认为应在本章中增写国歌。有的主张将聂耳作曲、田汉填词的《义勇军进行曲》恢复为国歌;也有的主张可填写新词。还有的提出各国宪法中规定国歌的并不

多,《义勇军进行曲》深受全国人民的欢迎,具有教育意义和历史意义,可以专门通过一个决议,规定为国歌。宪法修改委员会采纳了这一意见,未将国歌规定于宪法,而由全国人民代表大会专门通过了一个关于国歌的决议,这就是一九八二年十二月四日第五届全国人民代表大会第五次会议通过的《关于中华人民共和国国歌的决议》。该决议的全文是:"第五届全国人民代表大会第五次会议决定:恢复《义勇军进行曲》为中华人民共和国国歌,撤销本届全国人民代表大会第一次会议一九七八年三月五日通过的关于中华人民共和国国歌的决定。"